Jim PathFinder Ewing

Kraftplätze
finden und schützen

In Verbindung mit der Erde
neue Lebensenergien erschließen

AQUAMARIN

2. Auflage 2009
© Aquamarin Verlag GmbH
Voglherd 1 • D-85567 Grafing
www.aquamarin-verlag.de

Titel der Originalausgabe: Clearing
© Findhorn Press, Forres, Schottland

Übersetzung aus dem Englischen: Sabine Weeke
Satz: Sebastian Carl
Umschlaggestaltung: Annette Wagner

Druck: Bercker • Kevelaer

ISBN 978-3-89427-392-7

Für Kwan Yin, Rainbow Woman,

Mutter Erde, Maria

und alle anderen Göttinnen

aus Fleisch und Geist.

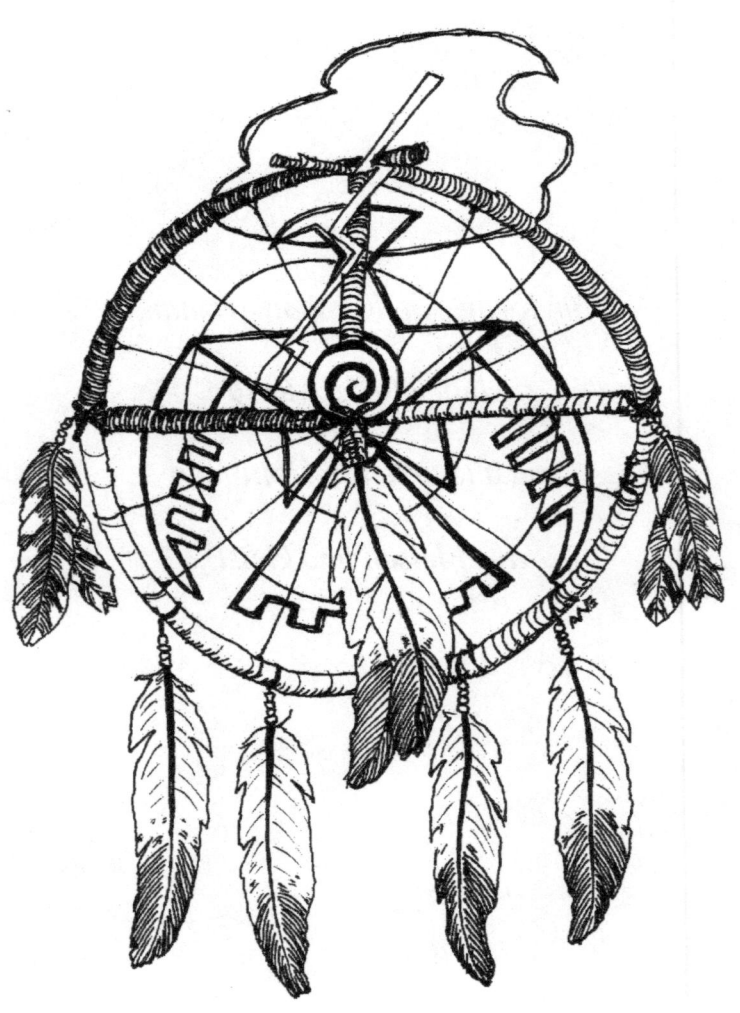

Inhalt

Vorwort 9

Einführung 13

Kapitel 1: Das Bestimmen von Orten 19

Seinen Ruhepunkt finden 21

Erden, Zentrieren und Abschirmen 24

Sich im „Lesen" von Orten üben 25

Aus dem Energie-Notizbuch:

Ein lehrreiches Geschenk von Geistführern 29

Überblick 30

Kapitel 2: Übungen für das Erlösen eingeschlossener Energien 33

Kraftlinien, heilige Stätten und das Christus-Bewusstseins-Netz 38

Wasserquellen und eingelagerte Energie 40

Beerdigungsstätten 41

Geister und unerwünschte Wesen 42

Andere Wesen 45

Portale 49

Geistführer, Engel, Göttinnen und Krafttiere 50

Aus dem Energie-Notizbuch: Die Kraft des Träumens 60

Überblick 64

Kapitel 3: Die Geister des Landes treffen 67

Göttliche Energien wahrnehmen 71

Freie Geister oder Verbündete finden 73

Krafttiere entdecken 78

Göttinnen und andere lokale Gottheiten erkennen 81

Göttliche Wesen und Krafttiere um Hilfe bitten 87

Aus dem Energie-Notizbuch: Einem nagenden Gefühl folgen 91

Aus dem Energie-Notizbuch: Den Sonnenaufgang herbeitrommeln .. 94

Überblick 96

Kapitel 4: Reinigungszeremonien vollziehen 99

Innenräume 100

Große Gebäude 107

Außenräume 113

Schlummernde Erdenergien befreien 118

Aus dem Energie-Notizbuch: Eine vielschichtige Reinigung 122

Überblick 126

Gedanken zum Abschluss 129

Weitere Quellen 131

Anmerkungen 138

Glossar 143

Bibliographie 159

Über den Autor 167

Vorwort

Jim ist eine Stimme der Erde, die uns dringend notwendige Inspiration und Information zum Leben in Harmonie gibt. Er ist, wie ich, ein praktischer Lehrer im Reich des Geistes. In diesem Buch hilft er uns, die Lücke zwischen der energetischen Welt – einer Welt, die subtiler ist als das, was uns unsere Kultur wahrzunehmen, zu beeinflussen oder gar zu durchdringen gelehrt hat – und der Welt der Materie und festen Objekte, die uns vertrauter ist und in der wir uns wohler fühlen zu schließen. Ich halte dieses Buch, mit seinem speziellen Augenmerk auf das Erkennen und Verwandeln von Energien zum Zwecke des harmonischeren Lebens mit unserer Umgebung, für einen wunderbaren Ratgeber und fühle gleichzeitig, dass es von noch weiter reichender Bedeutung ist. Es schafft uns eine wirksame innere Brücke auf unserem Weg der Annäherung an die Arbeit mit der energetischen Welt, und zwar in allen Bereichen unseres Lebens.

Während wir uns der prophezeiten „Goldenen Zeit" nähern, in der sich Harmonie, Schönheit und Frieden auf einer reinen Erde verwirklichen, ist es klar, dass unsere wirkungsvollste und nützlichste Interaktion mit der Welt um uns herum oft eine energetische ist. Wird es nicht wunderbar sein, wenn wir einen Traum oder einen Plan verwirklichen, unsere Liebe und Aufmerksamkeit darauf richten und die größere Welt um uns herum mit uns zusammenarbeitet, um etwas zu manifestieren? Wie sehr wird sich das von unserer derzeitigen energieraubenden Praxis des mühevollen Arbeitens in der schwerfälligen materiellen Welt unterscheiden. Wird es nicht großartig werden, wenn wir uns in der feinstofflichen Welt bewegen können und dort unsere behutsame Arbeit tun, anstatt jene persönliche Kraft aufzuwenden, die notwendig ist für den Versuch, größere Veränderungen von der materiellen Ebene her zu bewirken? Um dies konkreter zu machen, gebe ich hier ein Beispiel aus der Heilungsarbeit, das viele von uns erleben: Wir können die Energie-Bruchstellen und Verspannungen aus einem hektischen Angestellten-Körper, dessen mentale Einstellung die eines „Sich-Sorgenden" ist, auf wöchentlicher Basis herausmassieren. Alternativ dazu, effektiver in Bezug auf Zeit und Energie, können wir uns in seinen Lichtkörper begeben und jegliches Muster, das Anstrengung, Sorge, Angst und Überarbeitung beinhaltet, verändern. Wir gehen in den energetischen Körper, zu der Schablone im ätherischen Reich, in dem alle Muster dieses Menschen festgelegt werden, und verändern dort das Muster, so dass alle zukünftigen Manifestationen durch dieses bestimmte Fenster für immer verändert werden. Dies bedeutet, dass es nicht nur einfacher ist, die Veränderungen vorzunehmen, sondern auch, dass das neue Muster in der Zukunft fortbesteht; es ist keine einmalige Transaktion, sondern etwas, das in seinem Leben Bestand hat. Der Angestellte (oder jeder von uns) bewegt sich nun sowohl mit mehr Leichtigkeit und Vertrauen als auch mit mehr Offenheit für Eingaben und Wahrnehmungen, was die Erledigung seiner

Aufgaben effizienter und einfacher macht, weshalb er sie vielleicht sogar freudiger angeht. Er verfügt über mehr persönliche Energie, um die spezifisch notwendige Arbeit auf der materiellen Ebene zu erledigen, und vielleicht sogar noch ein wenig mehr für seine Familie, wenn er nach Hause kommt.

Diese Art der Arbeit in uns selbst und mit der Welt um uns herum ist das Nützlichste, was wir zu diesem Zeitpunkt lernen können. Jim zeigt uns einfache, klare Wege, um diese energetische Verbindung herzustellen, in dem Verständnis, dass uns eine Öffnung zur Weisheit der Welt der Geistführer und geistigen Lehrer in einem höheren Blickfeld verankert und uns erlaubt, die Informationen zu erhalten, die wir benötigen, um die spezifische Situation, in der wir uns befinden, anders zu gestalten.

Ein erster und sehr kraftvoller Schritt ist es, uns der Situationen und Orte gewahr zu werden, an denen die Energie wenig positiv, wenig harmonisch ist. Wir nehmen wahr und besitzen die Kraft, um positive Veränderungen zu bewirken. Diese Veränderungen harmonisieren nicht nur die spezifische Situation oder den betreffenden Ort, sondern tragen zu einer reineren Energie auf der ganzen Erde bei. Indem wir bewusster werden, nehmen wir mehr wahr, werden sensibler und wacher in der erfüllten reinen Welt dieses erstaunlichen Planeten, unserer Mutter Gaia. Vielleicht sind wir dann auch mehr bereit dazu, all das, was wir sehen und fühlen, zu ehren und zu respektieren. Wenn jede und jeder von uns sein Bewusstsein und seine Absicht dazu benutzt, um diese Veränderungen einzuleiten, wird die Welt weiterhin an Schönheit, Frieden und Harmonie wachsen. Wir tragen unseren Teil dazu bei, um das Goldene Zeitalter herbeizuführen. Es ist richtig und gut, dass wir dies tun.

Brooke Medicine Eagle
Sky Lodge, Montana
April 2006

Das Land und die Steine sprechen,
wenn wir nur zuhören.

Ihre Geister schenken Visionen,
wenn wir nur schauen.

Ihre Stimmen schenken Weisheit,
wenn wir still genug sind, um zu hören.

Mit dem Schöpfer können wir Wunder
schaffen.

Wäre das Leben nicht großartig,
wenn jeder Ort
für eine Göttin geeignet wäre?

Einführung

Bist du jemals in einen Raum getreten und hast eine Gänsehaut bekommen oder das Gefühl, dass etwas nicht ganz stimmte? Oder du hast einen Ort betreten und bist plötzlich ohne ersichtlichen Grund traurig oder aufgewühlt gewesen? Hast du andererseits nicht schon einmal Plätze besucht, die immer ein unerklärbares Gefühl von Zufriedenheit mit sich bringen?

Alle Orte, die wir bewohnen – an denen wir leben, arbeiten oder die wir aus unterschiedlichen Gründen besuchen – können Geister oder Energieformen beherbergen, die unser Wohlbefinden beeinflussen. Wenn Geister gefangen sind, können ihre Energien uns mentalen oder emotionalen Kummer bereiten, während uns in anderen Fällen ihre Anwesenheit emotional aufbauen bzw. zu einem gesunden Geisteszustand verhelfen kann. Hinzu kommt, dass energetische Muster in Gebäuden oder auf dem Land, je nach Ursprung und Schwingungsrate, entweder negativ oder positiv sein können. Glücklicherweise können Orte gesäubert werden, indem gefangene Geister freigesetzt werden und dann durch das Erhöhen der Schwingungsfrequenz negative Energie in positive umgewandelt wird. Mit der richtigen Anleitung kann dies jeder ohne Intervention eines Experten tun, nur von Geistführern oder geistigen Helfern, welche die eigentliche Arbeit verrichten; trotz der Tatsache, dass es in unserer materialistischen Gesellschaft Vorurteile gegenüber dem Glauben an die Existenz von etwas gibt, das weder berührt noch gemessen werden kann.

Jeder hat die Fähigkeit, Phänomene energetisch wahrzunehmen und mit der jeweiligen Energie zu arbeiten. Diese Fähigkeit muss nur entwickelt werden, genauso wie man ein Radio auf die Wellen einstimmt, auf denen ständig übertragen wird. Sobald wir die richtigen Techniken beherrschen, können wir die Energie von Orten spüren und Maßnahmen koordinieren, um effizient die jeweiligen Kraftfelder aufzudecken, mit dem Ziel, in Harmonie mit ihnen zu gelangen und zu einer besseren Gesundheit zu finden.

Als Praktizierender des „Umwelt-Schamanismus", der die grundlegende Natur eines Ortes beeinflusst, werde ich häufig gebeten, Räume zu reinigen – also negative Energie zu zerstreuen oder zu verwandeln –, etwa wenn Menschen ein neues Haus oder eine neue Wohnung beziehen. Ebenso regelmäßig werde ich gebeten, Geschäftsorte zu reinigen, um die Energie durch eine Erhöhung der Schwingungsfrequenz positiv umzuwandeln und dadurch die Verkaufsräume für Angestellte wie Kunden attraktiver zu gestalten, so dass sich das Geschäftsklima verbessert. Ein häufiger Kommentar, nachdem solche Orte entstört oder gereinigt wurden, lautet: „Ich kann gar nicht glauben, wie wundervoll sich dieser Ort jetzt anfühlt!" Die Wirkung von nur einer einzigen Behandlung kann Monate andauern und auf Besucher, die längere Zeit nicht dort waren, so wirken, als ob ein Licht angeschaltet wurde. Wenn Landstriche entstört oder gereinigt werden, können die Veränderungen ebenso augenfällig sein – z. B. durch eine blühende Flora und Fauna. Derartige Wandlungen in der Energie von Bauwerken oder Landschaften erhöhen häufig die Fülle des Lebens, lösen Heilung aus oder inspirieren die menschliche Kreativität. Nahezu jeder Ort kann energetisch positiver gestaltet werden, solange seine Zusammensetzung und seine Eigenschaften verstanden werden. Wesentlich für dieses Verständnis ist eine grundsätzliche Kenntnis der Physik: Ebenso wie ein Haus oder eine andere Struktur umschlossenen Raum beherbergt, so enthalten Objekte, die fest erscheinen (wie z. B. Steine), mehr Platz zwischen den Atomen, Zellkernen, Elektronen, Protonen und Quarks als Materie – proportional gesehen in etwa ähnlich dem Platz zwischen der Sonne und den Planeten im Sonnensystem. Zudem ist dieser ganze Raum zwischen der Materie (zusätzlich zu dem Raum um uns herum, der Materie enthält) in der Lage, sowohl positive als auch negative Energieschwingungen aufzubewahren. Die Schwingungsfrequenz in den Räumen zwischen der Materie ist das, was alle Energie kennzeichnet, ob ihre Auswirkungen auf Menschen nun positiv oder negativ sind. Wenn ein Mensch ein Zimmer betritt und ohne ersichtlichen Grund eine Gänsehaut bekommt oder sich zu einem bestimmten Punkt hingezogen fühlt, der Freude auslöst, dann basieren diese Reaktionen auf feinen inneren Empfindungen, die auf die Schwingungsfrequenzen innerhalb der Räume reagieren.

Ziel dieses Buches ist es, den Lesern zu helfen, in Harmonie mit den Gebäuden und dem Land zu leben, das sie lieben. Dies können sie tun, indem sie lernen, verschiedene Arten von Energie zu identifizieren und umzuwandeln, sie von einer Form zur anderen zu verändern. Obwohl die meisten Menschen das

Umwandeln von Energien nicht gewohnt sind, kennen sie die Umwandlung von Wasser und festen Stoffen. Wasser kann durch das Verändern seiner Temperatur leicht verwandelt werden: Wenn es gefroren ist, ist es Eis; wenn es erhitzt wird, wird es zu Dunst; wenn es abgekühlt wird, kondensiert es wieder zu Wasser. Feste Stoffe können durch Verbrennen verwandelt werden oder dadurch, dass sie den Elementen draußen zum Verfall überlassen werden. Ebenso ist es möglich, willentlich Energien zu verwandeln, also ihre Muster zu einer Veränderung zu veranlassen. Dies kann durch das Entwickeln der in diesem Buch gelehrten Praktiken und die Ausführung der Zeremonien erreicht werden. Manchmal fragen Leute: „Wie machst du diese Arbeit? Dieses Verwandeln und Heilen von Plätzen?" Die Antwort ist wirklich ganz einfach: Nicht ich tue es, die Geistführer und geistigen Helfern tun es. Eine große, zu selten erfasste Wahrheit ist, dass die Menschen die einzigen körperlichen Wesen auf dem Planeten sind, die ein eigenes Bewusstsein haben und somit zwischen den Welten von Materie und Geist agieren können. Wenn wir unsere potenzielle Kraft einsetzen und vom Geist geleitet werden, so sind wir in der Lage, viel positive Energiearbeit zum allgemeinen Wohl des Planeten zu leisten.

Der Schwerpunkt dieses Buches liegt auf seinen grundlegen-den Anleitungen – darunter Übungen, um die Fähigkeiten für das Arbeiten mit Energie zu entwickeln – sowie auf Vorschlägen dazu, wie man erkennt, wann Hilfe nötig ist und wie man sie von geistigen Wesen erhalten kann. Die Leser werden ermuntert, ein Notizbuch mit Beobachtungen zu führen, das für zukünftige

„Reinigungen" nützlich sein kann; einige Eintragungen aus meinem eigenen Notizbuch werden dafür als Beispiele genannt. Jedes Kapitel endet mit einer Zusammenfassung der wichtigsten Punkte, die einen einfachen Zugriff auf einen Blick erlaubt.

Ein Teil des Verkaufserlöses von jedem Buch wird an gemeinnützige Organisationen gespendet, die es sich zur Aufgabe gemacht haben, heilige Stätten der amerikanischen Ureinwohner zu erwerben und zu konservieren, so dass alle von diesem Geschenk des Schöpfers profitieren mögen.

KAPITEL 1

Das Bestimmen von Orten der Traurigkeit, des Leidens oder der Erschütterung

Erkenne dich selbst
INSCHRIFT DES ORAKELS VON DELPHI

Die meisten Orte, die einer Reinigung bedürfen, tun diese Tatsache deutlich kund, indem sie negative Energie ausströmen und dadurch ein ausgesprochen niederdrückendes Gefühl hervorrufen. Allerdings erfordert es Übung, die verschiedenen Arten von Energien zu lesen und zu deuten. Der Schlüssel zum Identifizieren von Orten, die von Traurigkeit, Leid oder Erschütterung gereinigt werden müssen, liegt darin, deine persönliche Energie zu kennen und gegenüber der Energie um dich herum sensibler zu werden. Es ist notwendig, die subtilen Schwingungen sowohl als externen wie auch von internen Energiemustern wahrzunehmen; dies ist eine Fähigkeit, die in der Regel erlernt werden muss. Da Menschen generell dazu neigen, eher extrovertiert als introvertiert zu sein, und da unsere Kultur ein Erkennen von verschiedenen Energieformen im täglichen Leben (zum Beispiel durch Rituale, wie viele alte Kulturen) nicht fördert, muss diese Art der Wahrnehmung geübt werden. Intuitiv sind wir uns alle der Kraft der persönlichen Energie bewusst. Beim Betreten eines Raumes haben wir alle schon einmal unerwartet starke Gefühle erfahren, die von jemandem ausströmten – einem Geschäftskonkurrenten, einer/einem ehemaligen Geliebten oder sogar einem Fremden. Auch kennen wir von Filmen den „einen Blick quer durch einen Raum voller Menschen". Die intuitive Gabe nimmt die Energie eines anderen auf und übersetzt sie in Gefühle.

Obwohl wir häufig gewahr werden, dass wir die Energien von Menschen und Orten spüren, wird uns selten gelehrt, wie wir die energetischen Qualitäten bewusst wahrnehmen oder zu unserem Vorteil einsetzen können. Wie beim Lesen- und Schreibenlernen erfordert es Training, um die Fähigkeit zu erlangen, Energiemuster bewusst wahrzunehmen und positiv umzuwandeln. Anfangs sind einem Kind schnörkelige Zeilen in Büchern nicht verständlich, später versteht es ihre Bedeutung. Ähnlich ist es möglich, das Lesen der inneren Räume von Strukturen und der äußeren Räume von Landgebieten zu lernen; dazu müssen wir zunächst das Alphabet ihrer Energiemuster lernen, indem wir uns der Feinheiten innerhalb unserer eigenen inneren Räume gewahr werden und Zugang zu unserer Intuition finden. Wir tun dies, indem wir unseren Ruhepunkt aufsuchen, den Platz völliger Ruhe und Stille in uns.

Seinen Ruhepunkt finden

Die Fähigkeit, seinen Ruhepunkt zu finden, ist die Voraussetzung dafür, das Lesen und Umwandeln von Energien für eine bessere Gesundheit zu erlernen. Der Ruhepunkt ist der Ort, an dem Intuition und Kreativität entstehen und an dem Gleichgewicht durch Entspannung und Zentrieren erreicht wird. Es ist die Quelle des Seins, wo Individuen als authentisches Selbst existieren. Der Ruhepunkt ist ein Schlüsselelement in der spirituellen Praxis, er lädt dazu ein, durch das Bewusstsein des Heiligen in sich selbst, das Heilige in allen Dingen zu erkennen. Der Ruhepunkt ist auf viele Arten zugänglich und alle Techniken, um ihn zu entdecken, führen zu zwei Kraft gebenden Erkenntnissen: Die Welt ist ein reicher Ort, der zu unendlichen Erforschungen inspirieren kann, und du kannst deinen Ruhepunkt jederzeit finden, denn die Stille ruht in dir und ist nicht etwas, was außerhalb deiner selbst angestrebt werden kann.

Eine Methode, seinen Ruhepunkt zu finden, besteht darin, etwas zu tun, was du liebst – wie Malen, Schreiben, Stricken, ein Musikinstrument spielen oder Modellflugzeuge bauen –, etwas, was ein völliges Eintauchen in die Aktivität erlaubt und dadurch zu innerer Stille führt. Alternativ dazu kann der Ruhepunkt ganz bewusst gefunden werden, indem man sich immer stärker gewahr wird, dass man im jetzigen Moment lebt, mit keinem Gedanken an das, was man gestern getan hat oder morgen zu tun gedenkt. So kann das gewohnte Geplapper im Kopf abgeschaltet werden. Eine dritte

Möglichkeit, seinen Ruhepunkt zu finden, ist durch die Meditation. Wenn du meditierst, sei gewahr, dass dies höchstwahrscheinlich zum Ruhepunkt führt und bleibe heilig zu jedem Zeitpunkt.

Folgende Meditationsübung bietet sich an:

Führe deine Hände in Gebetshaltung zusammen und konzentriere dich auf deinen Mittelfinger. Wenn Gedanken auftreten, lasse sie bewusst und ohne Ärger oder Verdruss mit Geduld und Güte dir selbst gegenüber ziehen, in dem Verstehen, dass die Verbreitung von Gedanken eine tiefsitzende Gewohnheit des Egos ist, um seine Existenz zu erhalten. Mit Übung kann es dir gelingen, diese Gewohnheit der unfreiwilligen mentalen Aktivität zu brechen und erfrischende Klarheit zu erlangen![1]

Eine andere Meditation beinhaltet, mit allem, was man wahrnimmt, völlig gegenwärtig zu sein. Hält man zum Beispiel ein Ei in der Hand und studiert es, nimmt man dabei so viele Informationen wie möglich auf: Sein Gewicht, seine Form oder die Beschaffenheit seiner Oberfläche. Um deine Wahrnehmung des Eies zu vertiefen, würdige alle vorherigen Assoziationen, die du zu ihm gehabt haben magst, und lasse sie dann los – beispielsweise Kindheitserinnerungen an das Ostereier-Suchen oder ein Omelett mit einem geliebten Menschen zu kochen. Was auch immer für Gedanken oder Erinnerungen aufsteigen, nimm sie an, erlebe sie und dann lasse sie ziehen. Nachdem sie weitergezogen sind, mag es sein, dass du dich entspannter fühlst und eine tiefere Wahrnehmung sowohl von der Essenz des Eies wie auch von deinem einzigartigen Bewusstsein hast.

Die elementarste Meditation ist letztendlich die, sich bewusst darüber zu werden, wie das Atmen den Energiefluss und die Bewusstseinszustände beeinflusst. Atme tief vom Beckenbereich her, drücke dabei deinen Bauch nach außen und dehne deine Lungen aus, bis sie sich voll anfühlen; dann halte deinen Atem kurz an, bevor du die Luft sanft ausatmest, wobei du deinen Bauch einziehst, bis sich die Lungen leer anfühlen. Richte dich in einem sanften Rhythmus ein: Mit jedem Einatmen fühle Energie eintreten und stelle dir vor, wie sich dein Bewusstsein gleichzeitig erweitert; fühle mit jedem Ausatmen, wie du die Spannungen in deinem Körper loslässt. In diesem Stadium des einfachen Atmens und Seins erkunde deine Umgebung mit deinem Kopf, deinem Herzen und dem vollen Sortiment der Sinne. Was ist das leiseste Geräusch, das du hören kannst? Ist es innerlich oder äußerlich? Wie „schmeckt" die Stille? Was kannst du sehen, ohne zu schauen? Wie viel kannst du durch den einfachen Akt des Atmens wahrnehmen? Wodurch hast du an Bewusstsein gewonnen beim Erfahren des Lebens ohne eigene Ziele?

Das Aufsuchen des Ruhepunktes verstärkt sowohl deine Wahrnehmung als auch deine Fähigkeit, dir dein Potenzial zu vergegenwärtigen und kreativ zu sein. Sobald du deinen Ruhepunkt gefunden hast, lerne zuversichtlich und ohne Furcht von diesem Ort aus zu handeln. Dann wirst du in der Lage sein, die Energie eines Ortes so zu beeinflussen, wie du es möchtest, von einem zentrierten Zustand des „Wissens" aus, der neutral, geschützt und kraftvoll ist. Dies wird durch Erden, Zentrieren und Abschirmen erreicht.

Erden, Zentrieren und Abschirmen

Erden beinhaltet das energetische Verbinden mit der Erde, um sicherzustellen, dass das Bewusstsein nicht von anderen Dimensionen aus handelt oder übermäßig von anderen energetischen Kräften beeinflusst wird. Um dich zu erden, visualisiere einen Energiefaden, der vom unteren Ende der Wirbelsäule (dem Beckenboden oder dem Wurzel-Chakra bis tief in die Erde hineinreicht. Stelle dir dabei vor, dass er dich mit den heilenden und Leben spendenden Kräften der Erde verbindet und dir Unterstützung bietet, wohin auch immer du gehst. Tue dies in Abständen durch den Tag, um deine aufgebaute Verbindung nochmals zu bekräftigen, vorzugsweise indem du dich an einen Fels oder Baum lehnst – etwas, das das Wurzel-Chakra anrührt und es dir ermöglicht, dich mit dem Körper der Erde verbunden zu fühlen, um die Einflüsse von Energiefeldern aus anderen Dimensionen zu minimieren.

Das Zentrieren beinhaltet, den Bewusstseinskern im Körper zu finden, Erdenergie von unten und höhere Erkenntnis von oben heranzuziehen, um aus einem Zustand des ausgewogenen Bewusstseins heraus zu handeln. Um dich zu zentrieren, fühle die Erdenergie, die belebende Kraft der Natur, durch deine Füße und Beine bis in den Mittelteil deines Körpers hinaufsteigen. Gleichzeitig fühle die lebenspendende Energie der Sonne – oder der Sterne bei Nacht – durch den höchsten Punkt deines Kopfes (das Kronen-Chakra) bis in den Mittelteil deines Körpers fließen, wo sie auf die heraufkommende Erdenergie trifft. Wenn du diesen

Prozess dazu benutzt, einen „wissenden Ort" zu schaffen, wird dich dies vor unerwarteten Störungen schützen und dir erlauben, auf eine ausgewogene Art und Weise zu arbeiten.

Das Abschirmen dient dazu, gezielt eine schützende Energieschicht um dich herum zu schaffen, die äußere negative Energie abzuleiten vermag. Um dich selbst zu schützen, visualisiere einen Kokon aus dich umgebenden Spiegeln, die unerwünschte Energie nach außen reflektieren. Ziehe diese unsichtbare Rüstung wie einen Mantel an. Du kannst sie dir einfach als eine Blase aus weißem oder blauem Licht vorstellen; es ist ein Schirm – aber kein Schleier –, um dich zu schützen, nicht um dich von etwas abzutrennen. Allein das Wissen, dass dieser Schirm dich sicher verwahrt und du ihn einfach durch deine Absicht zur Umhüllung herbeirufen kannst, lenkt alle negative Energie ab. Von Zeit zu Zeit energetisiere die Schutzqualität des Schirms durch das nochmalige Bekräftigen deiner Intention.

Sich im „Lesen" von Orten üben

Auf unbewusster Ebene haben Menschen immer eine persönliche Beziehung zu ihren Umgebungen, und es kann sich vorteilhaft für ein ausgeglichenes Leben auswirken, die Qualitäten und Formen von Energien an verschiedenen Standorten lesen zu lernen. Um das „Lesen" von Orten zu trainieren, beginne damit, die Energie um dich herum wahrzunehmen, wohin auch immer du gehst. Wenn du dich plötzlich abgelenkt, traurig oder ärgerlich fühlst, versuche, die Energie des Ortes zu sehen oder zu fühlen und festzustellen, was dieses Gefühl verursacht haben könnte. Wenn du Standorte und Energieformen beurteilst, lege alle vorgefassten Annahmen und Bewertungen des Ortes oder der Gegenstände darin beiseite; derartige vorbestimmte Antworten sind die Haupthindernisse für das genaue Einschätzen von Energie. Erwecke innere, bislang ruhende Fähigkeiten, um das An- und Abschwellen der Energie zu sehen oder zu fühlen.

Zusätzlich zum Üben des Beurteilens von Energiefeldern und Gedankenformen an verschiedenen Standorten kannst du auch deine Sinne schärfen (siehe Übung 1) und dein Wissen bezüglich der potenziellen Bedeutung von Energien erweitern. Wenn zum Beispiel von einem bestimmten Gegenstand, der Symbolcharakter zu haben scheint, eine starke Energie ausstrahlt, forsche nach, woher er kommt, welche Kulturen solche Gegenstände benutzen und welche Qualitäten damit assoziiert sind. Dann zeichne deine Ergebnisse in einem Notizbuch auf, damit du zukünftig darauf zurückgreifen kannst. Auf diese Weise werden deine Beobachtungen zu einem stetigen Lernen führen, das sowohl deine Sinne schärft als auch dein generelles Wissen erweitert. Manchmal können diese Beobachtungen unerwarteterweise zu wichtigen Enthüllungen für die Selbsterkenntnis und die persönliche Entwicklung führen.

Übung 1: Die Sinne durch die Kraft der Gegensätze betonen

Um das bessere „Lesen" von Energien an Orten zu ermöglichen, können die Sinne durch den Einsatz der Kraft der Gegensätze verfeinert werden. Wenn beispielsweise ein warmes Objekt in der Hand gehalten und dann etwas Kaltes berührt wird, wird das Gefühl von Kälte hervorgehoben. Das gleiche Prinzip kann auf das Erleben von Energien, die an ein bestimmtes Gebiet gebunden sind, angewendet werden. Um dein Bewusstsein dieses Potenzials zu erhöhen, gehe an einen Ort, an dem intensive Gefühle sowohl von Trauer als auch von Freude durchdringen und vergleiche ihre Energien. Beginne damit, zu deinem Ruhepunkt zu gehen; dann erde, zentriere und schirme dich ab. Nähere dich diesem Platz als neutraler Beobachter und versuche, alle Formen vorhandener Energie zu fühlen. Auf diese Weise wirst du das größtmögliche Bewusstsein für die Energien des Ortes entwickeln. Mache ein Spiel daraus: Stelle dir vor, wie du eine blinde Person führst, während du beobachtest und alles berichtest, das für diesen Menschen nützlich sein könnte. Trage ein Notizbuch bei dir und notiere deine Eindrücke. Die Absicht dabei ist nicht, sich von den Energien beeinflussen zu lassen, sondern stattdessen ihre Feinheiten zu ermitteln.

Stelle deine Blickschärfe durch Blinzeln oder dadurch, dass du von der Seite blickst, weicher ein und fühle die Energien. Versuche, die Quelle zu erspüren, von der sie ausströmen. Dann schließe deine Augen und stelle fest, ob du eines Gefühls gewahr wirst und was dieses auslösen könnte.

Wenn du dich draußen aufhältst: Werden die Energien durch die Anordnung der natürlichen oder städtischen Landschaft beeinflusst? Dadurch, wie die Häuser oder anderen Strukturen gelegen sind? Dadurch, wie Merkmale des Terrains geometrisch zueinander in Beziehung stehen?

Wenn du dich drinnen aufhältst: Werden die Energien durch die Anordnung der Räume oder Ausstattungsgegenstände beeinflusst? Was genau sind die energetisierten Elemente, und was ist die Natur dieser Energie? Nachdem du diese Übung praktizierst hast, wird es vielleicht offensichtlich, dass die Sinneswahrnehmung durch das gleichzeitige Vorhandensein von entgegengesetzten Energietypen hervorgehoben wird.

Um eine Variation dieser Übung zu praktizieren, gehe zu einem Ort, an dem es Energien gibt, die du verwandeln möchtest, und verfahre mit den gleichen Schritten. Erkunde, ob gewisse Merkmale oder Objekte verschiedene Formen von Energie ausstrahlen. Beurteile die Arten von Energie, die sie abgeben, und überlege, wie sie auf dich wirken. Dann entscheide, wie du diese Energie verändern möchtest. Obwohl es fortgesetzte Übung erfordert, um das „Energie-Alphabet" zu erkennen und genug Erfahrung zu sammeln, um es „lesen" zu können, kann dich diese Übung sowohl bewusster gegenüber entgegengesetzten Energiekräften machen als auch gegenüber der vollen Bandbreite von Energien, die auf verschiedene Standorte einwirken.

Aus dem Energie-Notizbuch:
Ein lehrreiches Geschenk von Geistführern

Vor einigen Jahren erforschte ich den Ursprung eines Gegenstandes und die damit assoziierten Merkmale, was zu einer bedeutenden Enthüllung für meine persönliche Entwicklung führte. Jemand gab mir ein eigenartiges Geschenk – eine hässliche rostige Tierfalle –, die er in einer eingestürzten Hütte am Fluss gefunden hatte und womit er dem Rat seines Geistführers folgte, der ihm sagte, dass sie mir eine nützliche Lektion bescheren würde. Es ist immer wichtig, den Geistführern zu vertrauen, da sie als Kräfte des Universums mehr Informationen haben als wir, so dass ich das ungewöhnliche Geschenk als die positive Gabe annahm, als die es beabsichtigt war. In dem Bewusstsein, dass die vorgefassten Annahmen und Urteile eines Menschen die Hauptwiderstände beim Bewerten der Energie eines Gegenstandes sind, musste ich meine Vorurteile zum Fangen von Tieren überwinden und den Gegenstand mit Distanziertheit betrachten.

Über Wochen lag die Falle in einer Ecke, während es zunehmend deutlicher wurde, dass das Geschenk eine Art seltsamer Macht enthielt. Dies spiegelte sich in den Reaktionen verschiedener Leute wider, die flüchtig zur Falle hinblickten, obwohl diese fast nicht sichtbar war, während sich gleichzeitig ihre Gesichter für einen Moment verdunkelten. Schließlich wurde offenbar, dass die Falle in der Tat negative Energie sammelte. Der ursprüngliche Besitzer hatte die Falle als wertvolles Werkzeug seines Lebensunterhaltes gepflegt, und obwohl er nicht länger lebte, blieb die Kraft dessen, was er mit der Falle beabsichtigt hatte, und das daraus resultierende Energiemuster in den Gegenstand eingeschlossen. Die Falle funktionierte noch wie beabsichtigt, doch nun gemäß der neuen Umgebung – anstatt Tiere zu fangen, fing sie nun negative Energie, die die vorgesehene „Beute" des neuen Besitzers war. Tatsächlich passte sich die Falle meiner eigenen Absicht und energetischen Umwelt an. Damit sah ich, dass die Geistführer des Schenkenden in der Tat eine große Lektion mit mir geteilt hatten: Wie wir Gegenstände behandeln, wirkt sich auf ihre wesentliche Energie aus, da unsere Absicht in ihre Energie eingeschlossen werden kann. Nachdem ich diese Lektion gelernt hatte, legte ich die Falle vorne auf die Veranda, da ich zu dem Schluss kam, dass es besser wäre, negative Energien vom Eintreten in das Haus abzuhalten, als sie drinnen einzufangen.

Überblick

Wie man Orte der Traurigkeit, des Leidens oder der Erschütterung erkennt:

- Finde den Ruhepunkt in dir.
- Erde, zentriere dich und schirme dich ab.
- Trainiere, indem du die Kraft der Gegensätze benutzt.
- Übe das „Lesen" der Energie von Orten.

KAPITEL 2

Übungen für das Erlösen eingeschlossener Energien

Mitakuye oyasin
GEBET DER LAKOTA

Wenn wir mit dem Ziel, eine gesunde, heilsame Umgebung zu schaffen, als Kanal für das Befreien eingeschlossener Energien und für die Reinigung von Orten dienen wollen, müssen wir das allen Dingen innewohnende Heilige erkennen. Dafür ist es wichtig zu begreifen, dass alle Lebewesen in einem heiligen Lebenskreis miteinander verwandt sind. Einheimische Volksstämme erkennen dies an, was daran sichtbar ist, dass ihre Gebete häufig mit dem Lakota-Spruch „Mitakuye oyasin" enden, übersetzt „alle meine Verwandten" – alles, was steht (Bäume), sitzt (Felsen), kriecht, krabbelt, gleitet, fliegt oder geht –, ebenso wie Menschen aller Nationen auf Erden und die Kräfte, die im Universum wirken.

Die Verwandtschaft aller Dinge und Lebewesen kann besser verstanden werden, wenn man begreift, dass die Substanz aller Wesen – ob Fels, Pflanze, Insekt, Fisch, Vogel, Tier oder Mensch – tatsächlich aus Energie besteht, die sich in einheitlichen Mustern als Materie manifestiert. Materie ist hauptsächlich Raum, der durch eine Schwingung zusammengehalten wird, und die jeweiligen Verhältnisse von Substanz sind es, die alle spezifischen Formen bestimmen. Im Wesentlichen besteht ein Gegenstand aus Energie, deren Schwingungen so weit verlangsamt sind, dass er physisch manifestiert wird. Obwohl ein Stein sich von einem menschlichen Wesen sehr zu unterscheiden scheint, sind beide nicht nur zu einem großen Teil aus der gleichen Chemie zusammengesetzt, sondern auch aus den gleichen Teilchen: Elektronen, Neutronen, Protonen etc. Weil alle Elemente des menschlichen Körpers auch in der Erde gefunden werden, ist eine Handvoll Dreck im Grunde genommen eine Handvoll Menschheit, nur in einem unterschiedlichen energetischen Muster zusammengestellt. Darüber hinaus besitzt jeder Gegenstand oder jedes Wesen einen Energie- oder Lichtkörper, *Merkaba* genannt, ebenso wie einen Entwurf, der seinen Ausdruck in physischer Form darstellt. Die Merkaba ist der energetische Rahmen, den alle Wesen teilen. Sie beruht auf heiliger Geometrie und stellt den Entwurf dar, mit dem sich der Geist verbindet und auf dessen Basis die DNS eine körperliche Form erschafft. Darüber hinaus hat jedes Wesen einen Geist – das göttliche Licht und die schöpferische Kraft, die es zu einem lebendigen Wesen macht und gleichzeitig seine Existenz unabhängig von der körperlichen Welt auf einer höheren Ebene ermöglicht, so dass nach dem Tod der Geist nicht aufhört zu existieren, sondern nur die körperliche Ebene verlässt.

Alle Wesen verfügen über einen höchsten Ausdruck von Energie, der mit einer höheren geistigen Führung erzielt werden kann.

Der höchste Ausdruck deiner Persönlichkeit wird beispielsweise durch das Verschmelzen deiner Gedanken und Taten mit jener höheren Führung erreicht. Dies gilt auch für Steine, Pflanzen und Tiere: Wenn sie mit ihrer Quelle verbunden sind, dann erreichen sie den höchsten Ausdruck ihres Wesens. Darüber hinaus besitzt auch die Erde mit ihren äußerlichen Merkmalen – Bergen, Flüssen, Ebenen, Stränden und so weiter – einen höchsten Ausdruck ihrer selbst, auf den man sich näher einstimmen kann. Er wird das Christus-Bewusstseins-Netz genannt. Dieses Netz stellt eine Energieebene dar, welche die Erde umschließt und ihr höchstes Potenzial kennzeichnet. Anscheinend von höheren Wesen (oft als *Aufgestiegene Meister* bezeichnet) errichtet, ist es der Zweck dieses Netzes, der Menschheit durch den gegenwärtigen „Zeitenwandel" zu helfen – einer größeren, momentan ablaufenden Schwingungsumwandlung, wie sie von einigen Naturvölkern und einer Handvoll wissenschaftlicher Forscher vorhergesagt wurde.

Wenn man Bauwerke und Landgebiete entstört, reinigt und ihre Energien umwandelt, ist es weniger wichtig, seine Aufmerksamkeit auf den äußeren Ausdruck der Materie zu richten, als sich auf die Essenz und Energiemuster der Wesen und Objekte zu konzentrieren. Energetisch mit dem Raum zu arbeiten, bringt demzufolge auch mit sich, mit der Quelle des Lebens (Seele, Geist, Animus) in Beziehung zu treten, die das Entstehen des äußeren Ausdrucks von Lebewesen als zusammenhängende Muster auf dieser Existenzebene erlaubt. Dies bedeutet, sowohl die heilige Natur der Arbeit anzuerkennen als auch ehrerbietig mit dem Geist jedweden Objektes, belebt oder unbelebt, umzugehen, denn jeder

Geist ist eins mit dem Schöpfer. Mit deinem eigenen Geist oder deinem göttlichen Licht kannst du die Verbindung zwischen dem Entwurf eines Objektes und seinem göttlichen Licht wahrnehmen und dann die Energie des Objektes dahingehend ändern, dass es sein höchstes Potenzial ausdrücken kann. Wenn man diese Energiearbeit ausführt, ist es weise, respektvoll aufzutreten. Genauso wie man sich nicht leichtsinnig in die Seele eines Individuums einmischt, sollte man achtsam in der Art sein, in welcher man sich mit der Energie eines Ortes, eines Steines, einer Pflanze oder eines Tieres befasst. Wenn du beabsichtigst, seine Energie zu benutzen oder zu ändern, würdige zunächst seine bestehende Schönheit und Kraft, und frage dann mit Bescheidenheit und Respekt um Erlaubnis, einen Wandel geschehen zu lassen. Diese Herangehensweise ist bei vielen Naturvölkern, einschließlich der Kulturen der amerikanischen Ureinwohner, üblich. Das Ziel ist es, zu einem „hohlen Schilfrohr"zu werden, zu einer Leitung, durch welche die Kraft des Schöpfers fließen kann.

Solch eine Aktivität ist heute, wo sich die Schwingungsenergien der Erde aufgrund des kommenden „Zeitenwandels" radikal verändern, besonders wichtig. Diese Zeit der Umwandlung wird von manchen der Beginn eines Neuen Zeitalters genannt, während andere sagen, dass sie auf einen „Aufstieg" hinausläuft, durch den der Planet in eine neue Dimension eintritt. Verschiedene Autoren haben diesen „Wechsel der Zeitalter" als eine Zeit von beschleunigter Energie beschrieben, in der Ereignisse schneller eintreten, während „das Ende der Zeit" näher kommt. Dies soll laut den Voraussagen des Maya-Kalenders im Jahre 2012 passieren. Nach den Anschauungen der Maya, Hopi und Azteken über Zeit und Universum hat es vier Welten – oder „Sonnen" – der Menschheit gegeben, und wir treten gerade in die fünfte Welt ein: Eine Chronologie, die von den Auslegungen der als Kalender erfassten Cheops-Pyramide in Ägypten, von biblischen Prophezeiungen der „Endzeiten" und von den *Yugas* (Zeitzyklen) der Hindus untermauert wird.

Nach Ansicht von Mystikern und Sehern, die sich auf diese uralten Lehren der spirituellen Führung beziehen, ist es die Bestimmung von den momentan auf Erden befindlichen Individuen, die persönliche Verantwortung für die Mitgestaltung dieses Wandels zu erkennen. Dies bedeutet, in Partnerschaft mit dem Schöpfer Gutes zu bewirken und sich gleichzeitig persönlicher Einschränkungen von Macht und Weisheit bewusst zu bleiben. Wir sind zu dieser Zeit alle, sowohl individuell als auch kollektiv, zu dieser Aufgabe aufgerufen. Manche Menschen erfahren dies als ein Hingezogensein zum näheren Einstimmen auf das, was die amerikanischen Ureinwohner als „Heiligen Lebensring" (*Sacred Hoop of Life*) oder die wechselseitige Beziehung aller Wesen bezeichnen, während andere es als ein „Heimkommen" zur Einheit mit anderen und der Erde sehen, zum Wohle aller. Diese Bestimmung kann in der Energiearbeit durch das Verbinden von Orten und Landgebieten mit dem Christus-Bewusstseins-Netz erreicht werden. Dadurch werden größere Energien freigesetzt und ein noch größeres Potenzial für den Ausdruck höherer Energieformen geschaffen.

Kraftlinien, heilige Stätten und das Christus-Bewusstseins-Netz

Als Vorbereitung auf die Umwandlung der Energien von Orten ist es hilfreich, einen Überblick über Kontext und Konfiguration von Erdenergiemustern zu gewinnen und zu wissen, welche Energiestrukturen angetroffen werden können. So ist es beispielsweise wichtig, über die Existenz von Kraftlinien, heiligen Stätten und das Christus-Bewusstseins-Netz informiert zu sein. Kraftlinien sind Energienetze, die die Erdoberfläche wiederholt durchkreuzen und ein elektromagnetisches Energiepotenzial auf die gleiche Weise enthalten wie Energiemeridiane, die den menschlichen Körper durchziehen. Die von Therapeuten der alten Heilkünste der östlichen Medizin präzise aufgezeichneten Meridiane werden in der Heilkunst, wie etwa der Akupunktur, verwendet, bei der zur Steigerung des Wohlbefindens Blockaden entfernt werden, damit die Energien frei fließen können.

Kraftlinien sind als Korridore für mögliche Energieflüsse erkannt und von verschiedenen Kulturen über die Zeitalter hinweg dazu benutzt worden, das spirituelle Bewusstsein zu erhöhen. Die meisten alten Kathedralen und Megalith-Bauwerke in Europa und viele Tempel und Schreine in Amerika wurden beispielsweise über Kraftlinien in der Nähe von den von alten Völkern als heilig erklärter Stätten errichtet. Ebenso zeigen Markierungen auf Steinen (Piktogramme oder Felszeichnungen) oder Steinkreise (alte Medizinräder oder Megalithen) oft an, dass sich das Gebilde auf einer Kraftlinie befindet. Solche Stätten verfügen häufig über enorme Energiepotenziale, wobei diese möglicherweise durch Rituale oder Zeremonien aktiviert werden müssen.

Viele heilige Stätten – so wie der Chaco Canyon im Nordwesten von New Mexico – werden heute als National-Parks unterhalten, was ihre anhaltende Anziehungskraft widerspiegelt. Hinzu kommt, dass das Militär den Nutzen von natürlichen Kraftplätzen erkannt hat, denn in den vergangenen Jahren hat es sich einige dieser Landgebiete angeeignet und ausgedehnte Forschungen in Techniken wie Fernwahrnehmung und Umwandlung von Erdenergien angeregt, mit der Absicht, Wetterveränderungen herbeizuführen und Militärmanöver[1] zu beeinflussen. Fortlaufend durch die Zeitalter hinweg haben Schamanen und Eingeweihte verschiedener Kulturen heilige Stätten als Orte identifiziert, in denen eine durchlässige Energieschicht zwischen der Erde und den oberen Welten durchschritten werden kann. Allerdings ist dies erst in den letzten Jahren als Christus-Bewusstseins-Netz erkannt worden, als die Energieschicht, welche die Schablone für die Bezeichnung des höchsten Potenzials der Erde in sich birgt.

Nach der heiligen Geometrie wird das Christus-Bewusstseins-Netz mit Lebenskraft, *prana*, oder Äther verbunden und formt ein Dodekaeder – mit zwölf Flächen die am höchsten entwickelte heilige Gestalt vor der Rückführung der Form zu einer ausdruckslosen Kugel –, oder einen Hohlraum, aus dem sich alle Gestalt ableitet. Es wird gesagt, dass diese Energieschicht über der Erde über einen längeren Zeitraum hinweg von Wesen der höchsten spirituellen Vollendung errichtet wurde. Sie sahen die Entwicklung der Menschheit dahingehend, dass diese entweder die physische Form überwinden oder sich selbst und die Welt auslöschen würde. Infolgedessen schufen sie dieses Netz, um als Archetyp die positive Evolution der Welt und aller Wesen anzuregen. Wenn die Energie des Netzes auf die körperliche Ebene gebracht wird, werden alle Wesen und die Erde selbst erhöht; damit dient sie als Katalysator für die höchste Manifestation und den endgültigen Aufstieg der Erde und all seiner Wesen. Obwohl gesagt wird, dass Atomtests und die Strahlung von Hochfrequenzwellen den Effekt des Netzes auf die Erde nahezu zunichte machen, haben einheimische Medizinmänner und -frauen auf der ganzen Welt umfangreiche Arbeit geleistet, um das Netz aktiv und vom elektromagnetischen Mahlstrom der modernen Gesellschaft unbeeinflusst zu erhalten. In der Energiearbeit trägt das Verbinden von Gebäuden und Landgebieten mit dem Christus-Bewusstseins-Netz zu dem Potenzial für höhere Energieäußerungen bei.

Wasserquellen und eingelagerte Energie

Wasserquellen können Herausforderungen für das Erspüren von Energie darstellen, weil sie manchmal Kraftlinien imitieren. Bauwerke sind oft über unterirdischen Wasserläufen errichtet, was, sofern keine Vorsorge getroffen wird, Störungen in der Energie der Gebäude hervorrufen kann, da äußere Energien hereinfließen und in Mauerwerk oder Boden eingeschlossen werden können, dann schal werden und beseitigt werden müssen. Dies gilt insbesondere in städtischen Gebieten oder ländlichen Regionen nahe Giftmülldeponien. Ein positiver Aspekt ist, dass frei fließendes sauberes Wasser unter einem Bauwerk aufgrund der frischen Energie, die es mit sich bringt, negative Energie ständig ausspült. Aus diesem Grunde sind Meditations-Zentren in einigen Regionen der Welt in der Nähe von Wasserläufen platziert. Die alte chinesische Praxis des Feng Shui – das Positionieren von Bauwerken im Gleichgewicht mit der Energie eines Platzes – setzt diese Bewegung von „chi" (Lebenskraft) ein. Tatsächlich heißt in der Mandarin-Sprache „feng" wörtlich übersetzt „Wind" und „shui" steht für „Wasser". In Japan sind die schönen Pagoden häufig perfekt zwischen Landformen und Wasser positioniert und würdigen damit diese Kraft der natürlichen Energie, die Gleichgewicht und Einheit fördert.

Beerdigungsstätten

Energiearbeit kann notwendig werden, wenn Gebäude über oder neben Bestattungsplätzen, die noch Energie halten, errichtet wurden. Solche Bauwerke können häufiges Klären benötigen, obwohl viele Orte, die als indianische Bestattungshügel angesehen werden, eine positive Energie hoher Schwingung ausstrahlen, da sie entlang von Kraftlinien erschaffen und auch für zeremonielle Zwecke genutzt wurden. Beispiele solcher Bauwerke, die auf oder nahe Bestattungsstätten gebaut wurden, sind eine Baptisten-Kirche außerhalb des heutigen Lake Mills in Wisconsin, die von Siedlern neben einem tausend Jahre alten Bestattungshügel errichtet wurde, der inzwi-

schen als Historisches Museum des Aztalan State Park dient; eine
Kirche, die neben einem der ältesten Bestattungshügel in Pocahontas
in Mississippi platziert ist; und in der Region des Mississippi-Deltas
von Siedlern errichtete Häuser, die auf Bestattungshügeln liegen,
um die zerstörerische Wirkung von Überflutungen zu vermeiden.
Um Beerdigungsstätten zu klären, mag es zunächst notwendig
sein zu lernen, wie man mit Geistern, Seelen und anderen Wesen
umgehen kann, wozu es zusätzlicher Fähigkeiten bedarf.

Geister und unerwünschte Wesen

Es wimmelt nur so von Gespenstergeschichten durch die Jahrhunderte, und jährlich werden neue Gruselfilme gedreht, um aus der
Angst der Menschen vor dem Tod Kapital zu schlagen. Alte Städte
in Europa und Amerika veranstalten häufig Geisterführungen,
während derer auf die Gebiete hingewiesen wird, in denen häufig
Geister gesichtet wurden. Es gibt einen Grund dafür, dass Gespenster oder Geister zu unserer Überlieferung gehören: Sie sind eine
Tatsache des Lebens, selbst wenn sie nur zu der Sorte gehören, die
in der Nacht herumpoltern. Geister sind Energiefragmente, denen
man in alten Häusern oder Schauplätzen von Naturkatastrophen
begegnet. Menschen können durch ihr gesamtes Leben gehen,
ohne bewusst einen Geist zu sehen, doch sobald ihre Wahrneh-
mungskraft für das Spüren von Energie geschärft ist, erhöht sich
die Wahrscheinlichkeit, einem gegenüberzustehen.

Um zu verstehen, wie man mit Geistern umzugehen hat, ist es

notwendig zu begreifen, dass die meisten sogenannten Gespenster Geistfragmente einer dynamischen Energie sind, die innerhalb eines sich wiederholenden Musters ausgestrahlt wird. Die Wesen, von denen diese Fragmente stammen, sind bereits verstorben und benötigen sie nicht mehr. Solche Energieteile sind wie Schleifen eines Bandes, die entflochten und aufgelöst werden müssen. Sie zu entfernen, gleicht dem Säubern eines Raumes von Spinnweben und kann durch wiederholtes Reinigen erreicht werden.

Unglücklicherweise stellen Filme in unserer Kultur solche Wesen als unheimlich dar. Dadurch verstärken sie die Angst vor ihnen, obwohl wir tatsächlich in einem Meer von Energien mit einer großen Reichweite sowohl negativer wie positiver Einflüsse leben, das die Seelen Verstorbener mit einschließt. Normalerweise verbleibt eine Seele im Körper oder besucht ihn regelmäßig für zweiundsiebzig Stunden nach dem Tod. In der Praxis des Tibetischen Buddhismus ist dies die Zeit, die jemand neben dem leblosen Körper sitzend benötigt, um das *Tibetische Totenbuch* zu rezitieren, ein Text, der den Verstorbenen auf die Reise vorbereiten und ausrichten soll. Alles, was über jemanden, der gerade verstorben ist, gesagt oder gedacht wird, kann von dessen Seele zumindest zweiundsiebzig Stunden lang gehört werden. Gelegentlich verweilt eine Seele länger – gewöhnlich für einige Tage, aber manchmal auch für einige Jahre oder sogar Jahrhunderte – und in solchen Situationen wirkt es sich positiv aus, wenn man eine Seele dazu ermutigt, die vormalige Existenz loszulassen. Derartige „verlorene Seelen" freizusetzen wird *Psychopomp* genannt.[2] Es ist keine Form des Exorzismus, denn es wird niemand von Besessenheit befreit. *Psychopomp* ist vielmehr die Kunst, Seelen, die in der Regel einfach verwirrt sind, liebevoll zu befreien – eine spezielle Übung, die jeder Heiler, der sich mit Tod und Sterben befasst, kennen sollte, und sei es auch nur um sicherzustellen, dass die letzten Momente im Leben eines Menschen so friedlich wie möglich verlaufen.

Derartige Geister können entweder in Gebäuden, insbesondere in solchen, wo traumatische Ereignisse stattgefunden haben, oder draußen auf dem Land gefunden werden, geradeso wie man möglicherweise auf ein Wespennest unter dem Dachüberhang stößt. Obwohl ihre Anwesenheit kein Grund für großen Alarm ist, ist der Weg, diese Wesen vom Unheilanrichten abzuhalten, der, durch Klären und Reinigen eine hohe Schwingungsfrequenz aufrechtzuerhalten. Manche unstete Energien können tatsächlich in die Aura eines Menschen oder sogar in ihren physischen Körper eintreten. Obwohl manche Menschen Angst davor haben, von solchen Kräften besetzt zu werden, haben diese jedoch in der Regel wenig Einfluss und bedrohen gewöhnlich nicht das menschliche Wohlbefinden. Wenn sich allerdings eine wahrhaft negative Kraft manifestiert oder eine verlorene Seele weiterhin verweilt, ist es am besten, einen Schamanen oder jemanden, der im Umgang mit solchen Energien geschult ist, zu rufen.[3]

Andere Wesen

Andere Wesen, die man antreffen kann, sind Naturgeister, die unter verschiedenen Namen, wie beispielsweise Kobolde, Feen oder Elfen, bekannt sind, sowie nicht-irdische Lebewesen. Viele dieser Geschöpfe, vornehmlich Naturgeister, können beim Klären und Reinigen von Bauwerken und insbesondere Ländereien helfen, wenn man auf die richtige Art und Weise an sie herantritt. Naturgeister kümmern sich um die Energien und Erscheinungsformen der Erde (wie zum Beispiel Pflanzen und Wasser), und jede Kultur hat einen Namen für sie: *Elfen* auf den Britischen Inseln, *Kleine Leute* unter den Cherokee, *Dryaden* in Griechenland, *Leshiye* in Russland, *Shedim* im Judentum, *Afries* in Ägypten, und *Yowahoos* im übrigen Afrika. Die Findhorn Foundation in Schottland arbeitet mit diesen Wesen seit dreißig Jahren und veröffentlicht Bücher darüber, wie sie ihre Gärten gepflegt haben, vom winzigsten mit Blumen arbeitenden Naturgeist bis zu den großen Landschaftsengeln. Doch nicht alle Kobolde, Feen und Elfen sind mit kleinen Aufgaben zufrieden: Manche dieser Wesen sind sehr mächtige Geister des Landes. Während sie in der populären Esoterik zu einem Klischee geworden sind, sind sie tatsächlich ziemlich unterschiedlich, sowohl in Erscheinungsform als auch in Funktion. In Irland gibt es beispielsweise die mächtigen Tuatha De Danaan, die der keltischen Göttin Danu unterstehen. Obwohl man sie mit der Kategorie der Feen und Elfen in einen Topf wirft, werden sie als Abkömmlinge von Sternwesen gesehen, welche die Erde vor langer Zeit bevölkerten und – vielleicht nicht so zufällig – in Macht und Wirkungsgeschichte von jenen von alten Tibetern als Lha bezeichneten Wesen nicht unähnlich sind. Nach einer Erzählung aus dem 13. Jahrhundert, *Chojung* genannt, sind die Lha auf die zu dem Zeitpunkt vegetationslose Erde gekommen und haben Pflanzen und Tiere durch eine Form der Meditation (*samten se)* manifestiert, von der sie schließlich vergessen haben, wie sie funktioniert. Die meisten indianischen Kulturen haben ähnliche Legenden über Sternenwesen. Selbst Kobolde, die in der populären Kultur nahezu spaßig dargestellt werden, haben einen mächtigen Stammbaum. Der Name kommt vom Skandinavischen *alfar*, was auf die Geister der Berge, Wälder und Wasser verweist. Wenn man solche Wesen wahrnehmen möchte, ist es am besten, beim Denken an sie alle vorgefassten Vorstellungen zu vergessen und stattdessen darauf zu vertrauen, was man spürt oder fühlt.

Naturgeister besitzen eine große Bandbreite energetischer Qualitäten. Manche Wesen mit positiver Energie sind segensreich, wie etwa solche, die Pflanzen und Bäume bewohnen. Andere, mit negativer Energie, erscheinen in alptraumhaften Zusammenhängen, wie etwa die Erscheinungen, die Alkoholiker sehen, wenn sie am Entzugsdelirium leiden. Das Klären von Plätzen schafft ein Umfeld, das hilfswillige Naturgeister anziehen und andere verjagen wird, denn in der Energiearbeit zieht Gleiches Gleiches an: Negative Emotionen ziehen negative Wesen an, die sich von ihnen ernähren, während positive Emotionen positive Energien anziehen, welche die Schwingungen allgemein verstärken. Aus diesem Grund muss man es in jeder schamanischen Praxis vermeiden, der Angst zu erliegen, die negative Wesen ernährt und diese dadurch noch schrecklicher und mächtiger erscheinen lässt. Tatsächlich sind die meisten negativen Wesen gewöhnlich harmlos, wissen aber, wie sie eine furchterregende Erscheinung erschaffen können, um die Art von Energie zu produzieren, die ihre Fähigkeiten verstärkt. Angsteinflößende Wesen können durch das Hervorrufen von Liebe oder Gelächter bezwungen werden; positive Energie ist schmerzhaft und abstoßend für negative Wesenheiten und wird sie dazu bringen, sich zu zerstreuen, während sie auf positive Wesen verlockend wirkt.

Anders als die meisten Naturgeister haben Außerirdische oder Sternenwesen in verschiedenen Formen seit Tausenden von Jahren auf der Erde existiert, wie Überlieferungen von Kulturen auf der ganzen Welt bezeugen. Sie werden in Felszeichnungen im amerikanischen Südwesten dargestellt, auf keilförmigen Tafeln der Sumerer, auf alten ägyptischen Freskos und in den Ruinen der mittel- und südamerikanischen Zivilisationen. Die Faszination in Bezug auf Geschichten über die Wahrheit oder Unwahrheit des Roswell-Vorfalls in New Mexico, im Jahre 1947, und anderen später veröffentlichten Berichten von „fliegenden Untertassen" lenkt die Aufmerksamkeit von der andauernden Existenz von Sternenwesen auf der Erde ab. Ob sie in der heutigen Gesellschaft als „real" oder nicht real angesehen werden, spielt letztlich keine Rolle, da sie unabhängig von unserer kulturellen Anerkennung existieren. Sie waren vor uns hier, und sie werden wahrscheinlich noch lange nachdem wir gegangen sind hier sein.

Außerirdische können das energetische Umfeld verändern,

daher ist es wichtig, ihr Erscheinen wahrzunehmen. Verrichte einfach deine Arbeit. Sie werden meistens in der nicht-gewöhnlichen Realität – in Trance-Zuständen – von Schamanen, Sehern, Mystikern und solchen gesehen, die dafür offen sind, die Wirklichkeit durch Drogen, Schlafentzug oder ungewöhnliche energetische Prozesse in veränderten Zuständen wahrzunehmen. Die Sichtung von Außerirdischen steht gewöhnlich mit bestimmten Landformationen, Energiestrudeln und mächtigen Naturkräften, wie Vulkanen, Erdbeben und geomagnetischen Schwankungen oder Verwerfungen, in Verbindung. Aus unerklärlichen Gründen scheinen sie besonders in den Wüstenregionen des amerikanischen Südwestens verbreitet zu sein. Sie werden häufig entdeckt, wenn Arbeiten an Erdformationen verrichtet werden, und die meisten von ihnen scheinen überrascht, wenn sie in einem schamanischen Bewusstseinszustand gesehen werden.

Trotz der Aufsehen erregenden Darstellungen von Außerirdischen in der populären Kultur – von denen die meisten auf Angst und Ignoranz zurückzuführen sind –, sollten sich die Menschen nicht von ihnen bedroht fühlen. Generell vermeiden Außerirdische die dreidimensionale Wirklichkeit bzw. die „Erdebene", und wenn sie sie betreten, dann haben sie einen spezifischen Grund dafür und verlassen sie danach wieder. Die meisten dieser Wesen halten Abstand und wollen nur beobachten, da unser Planet für viele Geschöpfe in der Galaxis eine Quelle des Wunders darstellt. Wenn man von der Existenz von Sternenwesen weiß und vielleicht die Erwartung und verstärkte Wahrnehmungsfähigkeit entwickelt, eines zu sehen, hilft uns dies, unseren Glauben in verschiedene

Energiereiche zu stärken – insbesondere in Bezug auf die Nützlichkeit von Energiearbeit in einem globalen oder universellen Zusammenhang, wie beispielsweise das Verbinden von Bauwerken und Landgebieten mit dem Christus-Bewusstseins-Netz.

Portale

Portale sind Strudel, durch die Gegenstände und Wesen von einer Wirklichkeitsdimension zu einer anderen gelangen können, ein Phänomen, das auch „das Reich wechseln" genannt wird. Du magst das Verschwinden von einem Gegenstand zu Hause oder im Büro erlebt und dich gewundert haben, wo er geblieben ist. Das ist ein guter Hinweis auf das *Wechseln des Reiches* aufgrund des Öffnens eines Portals. Es geschieht von Zeit zu Zeit dort, wo es hohe Schwingungsfrequenzen gibt. Während Portale gut für das Manifestieren von Energien der Vergangenheit und Zukunft sind, können sie Probleme schaffen, wenn Wesen zwischen Reichen wechseln und Ereignisse veranlassen oder Gegenstände in andere Dimensionen verschwinden lassen. Du musst dir allerdings keine Sorgen machen, wenn daheim oder in deinem Büro Gegenstände verschwinden, da sie generell zu irgendeinem Zeitpunkt wieder auftauchen, manchmal sehr nahe an dem Ort, wo sie ursprünglich lagen oder standen. Obwohl Außerirdische und andere mehrdimensionale Wesen Portale benutzen, um die dreidimensionale Wirklichkeit zu durchlaufen, sind solche Wesen in der Regel harmlos.

Geistführer, Engel, Göttinnen und Krafttiere

Für den einzelnen Menschen sind Geistführer, Engel, Göttinnen und Krafttiere alle dienlich. Sie helfen häufig bei der Energiearbeit, wenn eine richtige Beziehung zu ihnen aufgebaut werden kann. Glücklicherweise werden sie allmählich bekannter in unserer Kultur – eine Entwicklung, die hilft, dem üblen Vermächtnis der Horrorfilme entgegenzuwirken.

Obwohl persönliche Geistführer immer anwesend sind, hängt es von den Bedürfnissen und Wünschen des Wahrnehmenden ab, ob sie gesehen werden oder nicht. Wir haben gewöhnlich einen Geistführer, der uns durch das ganze Leben begleitet, und andere, die uns von Zeit zu Zeit zu Hilfe kommen, insbesondere dann, wenn wir wichtige Entscheidungen treffen, die unseren Lebensweg bestimmen werden. Sie können ein Seelenbruder oder eine Seelenschwester sein – ein Wesen, das dir in einem vergangenen oder zukünftigen Leben nahe stand oder stehen wird; oder spirituelle Meister, die während der Entwicklung deiner Seele eine unterstützende Rolle übernehmen.

Menschen mit übersinnlichen Fähigkeiten, oft auch Medien genannt, sind am erfahrensten darin, ihre Geistführer wahrzunehmen. Amerikas bekannte Hellseherin Sylvia Browne schreibt ihre Fähigkeiten ihrer Geistführerin zu, eine südamerikanische Indianerin, die in ihrem Leben Lena hieß. Das gefeierte Medium Dorothy Chitty aus England berichtet, dass sie viele Geistführer gehabt hat, unter anderem einen Mann in einem braunen Anzug, den sie als Gott angesehen hat, einen verstorbenen Verwandten namens Onkel Charlie und ihren heutigen Haupt-Geistführer Li Ching. Menschen, die über keine sogenannten übersinnlichen Fähigkeiten verfügen, erhaschen vielleicht in einem Traumzustand aus dem Augenwinkel einen Blick auf ihre Geistführer oder spüren vielleicht einfach, dass jemand, der Unterstützung bietet, in der Nähe ist. Wenn du während einer plötzlichen Einsicht jemanden neben dir fühlst, ist es wahrscheinlich, dass dein Geistführer anwesend ist. Die meisten von uns sind so daran gewohnt, von ihrer Umgebung abzuschalten, dass sie sich selbst etwas vormachen, wenn sie glauben, dass plötzliche Einsichten ihre eigenen sind. Tatsächlich sind Geistführer häufig die Quelle von neuen Überlegungen oder plötzlichen Eingebungen. Geistführer bieten uns Liebe und Hilfe auf Arten und Weisen, die vielleicht niemals anerkannt oder geschätzt werden. Sie können großartige Lehrer sein, deren Weisheit unsere Entwicklung fördern. Manchmal wird jemand mit einer besonderen Fachkenntnis hervortreten, um mit technischen Aspekten zu helfen, die wir lernen müssen, um einer Berufung zu folgen. Wenn erforderlich, können uns sogar vollständige Ratsversammlungen spiritueller Stammesältester und himmlischer Orden von Lichtwesen unterstützen.

Während Geistführer oft Hilfe und Rat anbieten können, steht durch die Unterstützung der Engel eine enorme Quelle liebevollen Mitgefühls und Führung einer höheren Ordnung zur Verfügung. Die meisten Menschen des westlichen Kulturkreises sind durch religiöse Geschichten mit Engeln vertraut, wie beispielsweise durch biblische Berichte von Engeln, die vor ungläubigen Leuten erscheinen, um Freudenbotschaften zu überbringen – wie die drei Weisen, die auf diesem Wegvon Christi Geburt erfahren, und die Engel, die Daniel in der Löwengrube zu Hilfe kommen. Auch der Koran ist voller Berichte von Engeln, im Arabischen *Mala'ikah* genannt. Zu glauben, dass Engel zwar vor Tausenden von Jahren wirkten, aber heute nicht mehr existieren, charakterisiert eine Unterwerfung des Herzens unter den Verstand, des Mitgefühls unter das Ego. Einige der wundervollsten modernen Engel-Begegnungen werden von Doreen Virtue nacherzählt. Von Engeln wird angenommen, dass sie aus Lichtenergie bestehen und in der Lage sind, sich in jeder Form zu materialisieren. Sie strahlen reine Liebe aus und schenken Weisheit – häufig dann, wenn Unterstützung am wenigsten erwartet und am meisten benötigt wird.

Ihre Existenz als Lichtenergie erlaubt es den Engeln, verschiedene Rollen anzunehmen, von denen viele mit Wundern in Verbindung gebracht werden. Sie dienen als Boten des Schöpfers, um uns auf unserer Lebensreise zu unterstützen. Sie wirken als Beschützer, die uns helfen, unsere Fähigkeiten und unser Verständnis zu steigern, und als Beistand für die Seelen von im Mutterleib heranwachsenden Babys. Außerdem leisten sie Unterstützung bei der Umwandlung von Energien, wie beispielsweise in einer Reinigungszeremonie. Wir werden alle mit einem „Schutzengel" geboren; dann kommen andere zu verschiedenen Zeiten hinzu, um mit spezifischen Aufgaben zu helfen oder neue Energien, Ereignisse oder Menschen in unser Leben zu bringen, gewöhnlich indem sie uns zu ihnen oder zu segensreichen Aktivitäten leiten.

Mit spezifischen Aufgaben betraute Engel können helfen, unser Leben zielgerichteter und erfüllender zu gestalten, indem sie beispielsweise unsere Herzen öffnen oder vergiftende Emotionen umwandeln. Wir werden alle von Zeit zu Zeit von einem Engel „berührt"; wir müssen nur lernen, ihn wahrzunehmen. Wenn die Anwesenheit eines Engels gespürt wird, fühlt es sich oft so an, als ob man in Liebe eingehüllt ist, als ob uns sanfte Flügel warmen Lichtes umgeben und Gefühle der Sicherheit hervorrufen. Wenn ein Engel in der Nähe ist, wird das Licht anders erscheinen – leuchtender und beseelter – und es ist möglich, dass wir Freudentränen aufsteigen fühlen. Die Anwesenheit eines Engels lässt sich an Gefühlen von Güte, Sicherheit und Liebe erkennen, gewöhnlich von Einsichten göttlichen Ursprungs begleitet.

Auch die Göttinnen-Energie ist sehr kraftvoll. Ihre Auswirkungen reichen von plötzlich und dramatisch zu fein und lang anhaltend. Manche Göttinnen sind mit einem besonderen Platz verbunden, wie einer heiligen Stätte, einem Berg oder einem Tal, während andere sich an vielen Orten gleichzeitig manifestieren und zeitlos genug sind, um in der Vergangenheit, Gegenwart und Zukunft zu existieren.

Um die persönliche Entwicklung und Kreativität zu steigern, ist es von Vorteil, Orte zu schaffen, an denen Göttinnen leichter erscheinen können. Dies sind in der Regel Bereiche, die geklärt und gereinigt worden sind, mit hohen Schwingungsniveaus. Göttinnen ziehen Erdformen vor, welche über die Kapazität verfügen, viel Macht zu konzentrieren, so wie etwa Berge, Flüsse, Ebenen oder stille Baumgruppen in Waldgebieten. Doch ist es nicht notwendig, zu solchen Orten zu gehen, um Göttinnen zu sehen. Stattdessen kann man liebevoll einen Platz pflegen, an dem sie sich manifestieren können, indem man beispielsweise ein heiliges Feuer mit sorgfältig ausgewähltem Holz als Geschenk der Bäume errichtet. Göttinnen können in den Flammen und im Rauch als Visionen gesehen werden, oftmals klein, doch manchmal steigen sie auch zu gewaltiger Größe auf. Menschen verschiedener Kulturen erleben derartige Feuervisionen seit Tausenden von Jahren.

Die Cherokee verwenden beispielsweise diese Art der Traumbilder, *Us'ste'lisk* genannt (gesprochen oo-stay-leesk), um junge Menschen auf einem Medizinweg zu unterstützen. Doch jeder kann diese Methode nutzen. Ein heiliger Ort wird geschaffen, indem dreizehn Flusssteine (Steinmenschen) ausgesucht und im Kreis angeordnet werden. In seinem Zentrum wird das aus ehrfürchtig auserwähltem Holz errichtete Feuer angezündet und eine Zeit festgelegt, in der Einsichten stattfinden können. Diesem Ritual gehen oft Tage des Fastens voraus. Ein anderer Weg, sich mit der Göttinnen-Energie zu verbinden, ist es, einen Altar zu schaffen. Es muss nur ein kleiner Platz sein, wie etwa die Ecke einer Kommode oder eines Regals, mit dem Bild einer Göttin oder einem Symbol – wie ein Stein, Blatt oder Zweig –, das als Verbindung zu dem Ort dient, wo die Göttin wohnt oder einmal gesichtet wurde. Solch ein Altar kann als täglicher Ort der Andacht und Erinnerung an die Energie, Führung und Vision der Göttin dienen. Göttinnen sind immer bei uns, wenn wir es wünschen und wenn wir unsere Herzen, Augen und Ohren offenhalten, damit sie mit uns kommunizieren können.

Jeder wird mit einem Krafttier oder Totem geboren, das sein

ganzes Leben lang bei ihm bleibt – ein unabhängig Handelnder, der Führung und Schutz in verschiedenen Formen bietet, je nach Funktion. Wenn es beispielsweise darum geht, auf ein Kind aufzupassen, mag er als kuscheliges Geschöpf, etwa als Teddybär, erscheinen, aber wenn er ein Kind beschützt, mag er sich als Grizzlybär manifestieren. Zusätzlich zum Haupttotem, mit dem der einzelne Mensch geboren wird, kommen und gehen mehrere andere Krafttiere im Rahmen eines Lebens. Jedes ist eine Kraft des Universums und kann nahezu alles tun, sogar eingreifen, wenn Menschen auf Abwege geraten. Aber ihre Hauptaufgabe ist es, unbeobachtet zu führen und zu beschützen, indem sie sich durch Intuition mitteilen.

Nach den Visionen der Schamanen sind alle Geistführer, Engel, Göttinnen und Krafttiere auf verschiedenen Daseinsebenen angesiedelt und werden durch die feinstoffliche Wirklichkeit zugänglich. Typischerweise unterteilen Schamanen aller Kulturen das Dasein in drei Teile. Die Unterwelt, die Mittelwelt und die Oberwelt. Die Unterwelt kann trotz der westlichen Vorstellungen von Hölle als eine Welt verstanden werden, die der Erde sehr ähnlich ist, mit Bergen, Wiesen und Flüssen – eine Region, in der Krafttiere leben. Die Mittelwelt ist die Oberfläche der Erde, auf der wir leben, die wir mit unseren Geistführern, Engeln und Göttinnen teilen. Obwohl sie für uns das Reich der gewöhnlichen Wirklichkeit ist, enthüllt sich die Mittelwelt in der intuitiven Erfahrung von Schamanen, Sehern und Visionären als ein Reich, in dem einige Plätze und Objekte größere Kraft als andere haben. Die Oberwelt ist die, in der die höchsten Lehrer leben und wohin wir von unseren Geistführern, Engeln, Göttinnen und Krafttieren begleitet werden können. Wenn der Tod eintritt, geht die Seele in die Oberwelt über, bis sie einen „Riss im Universum" erreicht, durch den sie dorthin zurückkehrt, wo sie herkommt. Zusätzlich zu den drei Welten ist die Oberfläche der Erde von vielen Netzen überlagert (ebenso wie Kraftlinien die Oberfläche wiederholt durchkreuzen), die geometrische Formen mit verschiedenen Funktionen bilden. Wissenschaftler haben einige dieser Netze, so wie den Van Allen-Gürtel, aufgezeichnet, während andere von Visionären gesehen wurden – so wie das Netz, das die Akasha-Chronik enthält, ein morphogenetisches Feld, das alle Leben und alle möglichen Leben jedes Lebewesens enthält.

Obwohl Schamanen und Visionäre spezielle Fähigkeiten haben, die nicht-gewöhnliche Realität in den drei Welten wahrzunehmen, kann jeder die Fertigkeit entwickeln, die Energie von Objekten und Plätzen um sie herum oder in anderen Welten zu sehen, indem er sein Bewusstsein für Energiemuster steigert. Dazu muss man zunächst einmal anerkennen, dass uns das, was wir fähig sind zu sehen oder nicht zu sehen, anerzogen worden ist, so dass unsere Wahrnehmung von vorgefassten Meinungen kontrolliert wird.

In den sechziger Jahren hat Timothy Leary Experimente mit LSD durchgeführt, die die Natur der Realität und dessen, was wirklich im menschlichen Geist vor sich geht, untersuchten, obwohl seine in gutem Glauben durchgeführten Forschungen von dem schicken Motto „Einstimmen und aussteigen" überschattet wurde. (Siehe sein Buch *Change your Brain* für einen faszinieren-den Blick darauf, wie wir erschaffen und funktionieren aufgrund einer „Realität", die uns von Kindheit an eingeprägt wird und die sich, sofern sie nicht abgewandelt wird, niemals verändert.) Learys Schlussfolgerungen besagten, dass wir unsere „Realität" auf Basis einer Übereinkunft mit anderen darüber gestalten, was Realität beinhaltet, und nicht in dieses Konzept passende Eingebungen unserer Sinne ausschließen. Forschungen der vergangenen Jahrzehnte haben viele neue Sichtweisen auf die Welt zur Folge, wie in dem Film *Bleep* gezeigt wird.

Wie es heutzutage verstanden wird, hat jeder Einzelne von uns einen „Meta-Programmierer" in sich, der Daten der Sinneswahrnehmung ausblendet und Objekte in unser visuelles Konstrukt im Gehirn projiziert, um unsere Realität mit der uns kulturell eingeprägten Wahrnehmung in Übereinstimmung zu bringen. Derartige vorgefasste Vorstellungen der Realität können wir überwinden, indem wir die Fähigkeiten der Sinne fördern. Wenn wir uns selbst erlauben zu sehen, was angeblich nicht gesehen werden kann, erweitern wir unsere Sinneswahrnehmung, so dass mit der Zeit Gegenstände, Wesen und Energien nicht als 3-D Realität, sondern in der Realität, die sie ablöst und durchdringt – also in der feinstofflichen Realität – gesehen werden. Dies wird „die Scheuklappen abnehmen" genannt, und viele der 68er Generation taten dies, indem sie Drogen einnahmen. Für die Steigerung der Wahrnehmung jedoch sind Drogen nicht vonnöten, denn die Substanzen, die für die psychedelischen Erfahrungen der sechziger Jahre für notwendig erachtet wurden, treten auf natürliche Weise im Gehirn auf. Während es wichtig ist, die Wahrnehmungszugänge offen zu halten, sprengen psychedelische Drogen die Türen von den Angeln, statt „die Scheuklappen abzunehmen", was wir tun, indem wir uns erlauben, über die auf allgemeiner Übereinstimmung beruhende Sicht der Realität hinauszublicken. Dies erfordert häufig die Fähigkeit, die Grenze der Angst zu überschreiten, und diese Fähigkeit entsteht, wenn wir lernen, unseren Geistführern, Engeln, Göttinnen und Krafttieren zu vertrauen.

Um die Tür zu erweiterter Wahrnehmung zu öffnen, übe dich darin, deine Intuition zu aktivieren. Wenn du einen Blick auf etwas erwischst, das aus der feinstofflichen Realität zu stammen scheint und was dein Verstand automatisch als unmöglich abtut, dann kehre zu dem Bild zurück und arbeite damit. In den vergangenen Jahren haben Wissenschaftler damit begonnen, die Physiologie der elektrischen Impulse des Gehirns aufzuzeichnen und dabei enthüllt, dass die intuitiven Bereiche im Gehirn, die Seher, Mystiker und Schamanen nutzen, neben dem Zentrum des Vorstellungsvermögens liegen; *Visioning* (siehe Übung 2), Tagträumen, Nachtträumen und geführte Meditationen öffnen diese Bereiche. Mit Übung und regelmäßiger Anwendung können sie innerhalb eines Augenblicks aktiviert werden.

Übung 2: Visioning

Bei der Vorbereitung zum Freisetzen eingeschlossener Energien ist Visioning von großem Wert, da es dir hilft, dich auf deine Intuition, den Kern deines inneren Wissens, einzustimmen. Zunächst lege dich an einem ruhigen, ablenkungsfreien Ort nieder. Sobald du dich wohl fühlst, schließe deine Augen und konzentriere dich auf deinen Atem. Wenn Gedanken in deinen Kopf strömen, konzentriere dich immer wieder neu auf deinen Atem, bis alle inneren Stimmen verstummen. Es kann hilfreich sein, sanfte Musik zu spielen, vielleicht eine CD mit indianischem Trommeln oder den beruhigenden Tönen von Klangschalen.

In diesem entspannten Zustand stelle dir einen Ort vor, den du gut kennst, und besuche ihn in deiner Vorstellung. Wenn es beispielsweise ein Raum in deinem Heim ist, erschaue ihn und versetze dich dort hin. Nimm den Geruch in der Luft wahr. Beim Umherschauen erkennst du die Anordnung der Stühle, Tische und anderer Möbelstücke. Wie erscheinen dir die Gegenstände in dem Raum? Siehst du manche mit Feinheiten und detailliert oder unscharf und schwach? Lasse die Objekte sich dir offenbaren und jene Besonderheiten preisgeben, die du bislang noch nicht bemerkt hast.

Genieße deinen Besuch ganz bewusst und öffne dann deine Augen. Schreibe so detailliert wie möglich auf, was du in deiner Visualisierung gesehen hast. Sobald es dir möglich ist, gehe in deiner normalen Wirklichkeit zu dem Ort und untersuche ihn gründlich. Es mag sein, dass manche Gegenstände in deiner Visualisierung fehlten, andere hingegen kleiner oder größer als die sind, die du gesehen hast. Wiederhole diese Übung, bis du diesen Platz wirklich kennst und in der Lage bist, Freude an den Unterschieden zwischen seiner physischen Realität und deiner inneren Vorstellung davon zu finden.

Sobald du die Fertigkeiten des Visioning gewonnen hast, wende sie auf andere Orte in deiner Welt an. Mit etwas Übung wirst du in der Lage sein, mehr von der Realität in deiner Mitte zu sehen, weil deine Intuition oder „das zweite Gesicht" zunehmend aktiver sein wird. Du magst sogar die Gelegenheit haben, deine Geistführer, Engel, Göttinnen oder Krafttiere zu sehen und zu grüßen.

Aus dem Energie-Notizbuch:
Die Kraft des Träumens

Weiterhin kannst du dich auf das Befreien eingeschlossener Energien vorbereiten, indem du lernst, dich von deinen Träumen zu Kraftorten und Einsichten leiten zu lassen, die dein persönliches Wachstum fördern und so deine Energiearbeit unterstützen. Im Frühling 2003 hatte ich einen kraftvollen Traum, der mit Hilfe der Energien und Wesen eines Ortes mein Leben verändert hat. Ich sah mich selbst an meinem Lieblingsplatz auf Erden – dem Gipfel des Black Mesa, eines 1.524 Meter hohen Gipfels, wo sich Oklahoma, New Mexico und Colorado treffen. Mit einem boshaften Grinsen lief dort mein Wolf-Krafttier, gemeinsam mit einem Wolfsgefährten, auf mich zu. Als ich von oben im Geist zuschaute, fuhren er und sein Gefährte fort, meinen Körper auseinanderzureißen und mich zu verschlingen, meine Knochen zu zerkauen und meine Überreste zu erbrechen. Nachdem mein Wolf davongelaufen war, schaute ich noch immer auf den blutigen Haufen meiner Überreste, mit meinem noch schlagenden Herzen. Mit dem Wechsel der Jahreszeiten, sah ich im Frühling Gras rund um mein Herz emporsprießen, im Sommer die Sonne herniederbrennen, im Herbst Blätter darüber wehen, und Dampf davon aufsteigen, als kalte Winterwinde aufheulten. Dann hörte ich eine Stimme sagen: „Du wirst dein Herz am Black Mesa finden."

Nach wiederholten Träumen, in denen ich mit den Wölfen am Mesa war und mein Herz schlagen sah, wusste ich, dass ich auf eine Geistsuche am Black Mesa gehen musste – eine rein den Weisungen des Geistes geweihte Reise. Bevor ich ging, wurde mir in einem Traum gesagt: „Du wirst mit zwei Herzen den Mesa hinaufgehen und mit einem herunterkommen." Es stimmte. Ich reiste zum Black Mesa zu einem Zeitpunkt, als ich mit vielen Dingen rang und mich nicht entscheiden konnte, also „in two hearts" war. Ich verbrachte vier Tage am Mesa, wo ich die Geister des Landes kennenlernte. Ich hörte die Stimme vom Schöpfer im Wind, weinte Tränen wie der Regen, dachte Gedanken wie der Donner, gewann Einsichten wie die Blitze und hörte das Echo meiner eigenen Stimme als die ureigene Stimme Gottes vom Land zurückgeworfen.

Indem ich mich auf die Wesen des Ortes und die Energie der Landformen konzentrierte, wurde ich eins mit dem Wind, den Steinen und den Bäumen. Ich konnte die goldenen Strahlen der Sonne fühlen, die mich mit Licht überschütteten. Die Farben des Ortes waren so lebhaft, um Kraft weiterzugeben; der Himmel beispielsweise war nicht nur die Farbe blau, sondern ihre Schwingung. Die Steine – obwohl ihnen Augen und Ohren und Münder fehlten – waren so beredt in ihrer Kommunikation und von solcher Kraft, dass sie direkt zu meinem Herzen sprachen und

Geschichten der Zeit erzählten, als wir eins waren. Die Stille der Wüste war voller Weisheit, weit über das hinaus, was ein Gehirn allein ergründen konnte.

Es war, als ob jede Faser meines Wesens die Kraft und Reinheit des Ortes aufnahm. Mein Geist war in tausend Scherben zerbrochen – geteilt mit Steinen, Himmel, Pflanzen, Vögeln oder der Luft – und als neues Wesen umgestaltet, auf eine heilige Art und Weise verwandelt, mit einer zeitlosen Verwandtschaft zu allen Wesen. Indem ich die Göttlichkeit in allen Dingen sah, sah ich meine eigene Göttlichkeit und erfuhr, dass alles Leben diese Heiligkeit mit dem Schöpfer teilt.

Als ich am letzten Tag von dem Mesa hinunter kam, hörte ich die Stimme eines Verbündeten, eines mächtigen Naturgeistes, der zur Hilfe fähig war, wenn er gefragt wurde. Meine Aufmerksamkeit wurde zu einem kleinen Stein in der Gestalt eines Wolfskopfes gezogen. Als ich gewahr wurde, dass ich mit zwei Wölfen – entgegengesetzten Kräften –, die an mir fraßen, die Mesa hinaufgegangen und mit einem wieder heruntergekommen war, dankte ich dem Verbündeten für dieses Geschenk.

Eine andere Vision, die ich in einem Traumzustand hatte, geschah während einer Geistsuche in der Wüste auf dem Land der Hopi. Als ich die gesamte Nacht zwischen Wachen und Träumen auf einer Decke unter dem Mond und den Sternen verbrachte, hatte ich eine kraftvolle Vision, in der mir die *kachinas* – übernatürliche Wesen, die bei den Hopis als Boten der Geistwelt verehrt werden – einer nach dem anderen offenbarten, woher sie kamen und wie ich sie in Zeiten der Not erreichen konnte, und mir Einsichten und

Segenswünsche vermittelten. Solche Erfahrungen haben mir den Wert eingeprägt, mir kraftvoller Träume bewusst zu sein und ihren Inhalt zu nutzen, um Einsichten zu gewinnen und die Intuition im Leben zu fördern.

Träume können dich auf deinem Lebensweg leiten oder zu Orten führen, an denen die Geister des Landes deine Verbündeten werden können. Indem wir diese Gelegenheiten für Wachstum bereitwillig annehmen, werden sich unsere Lebensbestimmungen schärfer skizziert entwickeln. Jeder träumt, und durch beständige Absicht kann jeder lernen, den Inhalt seiner Träume zum Vorteil für größeres Verständnis des Ichs und des Seelenlebens zu verwenden. Um die Erinnerung an Träume und die nutzbringende Anwendung ihrer Inhalte zu verbessern, bewahre ein Notizbuch neben deinem Bett auf und beschließe kurz vor dem Schlafengehen, dich an alle Träume zu erinnern. Schreibe sie sofort nach dem Aufwachen nieder. Mit der Zeit wirst du nicht nur automatisch beginnen, dich an deine Träume zu erinnern, sondern du wirst bewusst an ihnen teilnehmen und auf diese Weise mehr Einsicht in ihre Bedeutung und steigende Macht über dein Bewusstsein gewinnen. Um dies zu tun, wende die einfache, aber effektive Technik an, die Carlos Castaneda von seinem Lehrer Don Juan erlernte: Während du dich in einem Traumzustand befindest, erinnere dich daran, nach deinen Händen zu schauen, denn wenn du sie findest, kannst du den Traum kontrollieren.[4] Die Beherrschung dieser Kraft kann dann zu anderen Fähigkeiten führen, einschließlich der, mit den Geistern des Landes zu sprechen.

Überblick

Vorbereitungen für das Befreien eingeschlossener Energien:

- Respektiere das Heilige in allen Dingen.
- Frage, was getan werden muss, anstatt willkürlich deinen Willen aufzudrängen.
- Vertraue den Geistführern, Engeln, Göttinnen und Krafttieren darin, dass sie deine Bemühungen leiten und beschützen.
- Verwende Traumvisionen zu deiner Unterstützung.

KAPITEL 3

Die Geister des Landes treffen

Namasté
(Die Göttlichkeit in mir
grüßt die Göttlichkeit in dir.)
<small>INDISCHER GRUSS</small>

Indem wir die Erde respektieren und ihr samt ihren Geistern für Fülle und Wunder danken, werden gute Absichten verstärkt, welche die Wesen der Erde befähigt, ihre Göttlichkeit optimal auszudrücken, und es findet eine gegenseitige Verjüngung des Geistes statt. So wie ein Mensch leuchtet, wenn er mit Respekt und Dankbarkeit anerkannt wird, und dadurch die positive Energien in der Umgebung verstärkt, so reagiert auch das Land auf energetische Weise auf Gesten der Anerkennung.

Oftmals hinterlassen die Geister des Landes ihre Gaben, nachdem ich Zeremonien an verschiedenen Orten durchgeführt habe. Nach einer Zeremonie an der Meeresküste beispielsweise, in der ich mit den Geistern des Wassers und des Landes kommuniziert hatte, nahm ich meine Decke auf und fand eine wunderschöne Möwenfeder. Ein anderes Mal lag nach einer Zeremonie in den Bergen neben meinem Medizinbeutel ein perfekt geformter Quarzkristall, der „aus dem Nichts" gekommen war. Und eines Tages, als ich ein Gebäude verließ, das intensive Arbeit benötigt hatte, schaute ich auf und sah einen prächtigen Regenbogen, der sich über den Himmel spannte.

Wenn wir die Geister des Landes treffen wollen, muss das ganze Ich in das Gebet eingebunden sein – Körper, Geist und Seele –, um uns mit dem göttlichen Ursprung unseres Wesens zu verbinden und um die Geister dadurch aufzuwecken, dass wir ihre Anwesenheit würdigen. Zeremonien, die sich aus solchen Treffen entwickeln, führen zum Aufblühen natürlicher Energien. Die Geister des Landes sind immer gegenwärtig, wenn die Menschen nur offen genug wären, sie zu spüren und zu sehen, und wüssten, wie sie sie ansprechen sollten. In alten Zeiten hatte jede Kultur Götter, die mit dem Land verbunden waren und die so deutlich wahrgenommen werden konnten, wie wir heutzutage eine bekannte Persönlichkeit im Fernsehen oder im Kino erkennen. Obwohl jemand zum Beispiel niemals ein berühmtes Idol wie Marilyn Monroe getroffen haben mag, würde diese Person doch dank der Pop-Kultur sofort Bilder von ihr erkennen und um viele vertrauliche Einzelheiten ihres Lebens wissen, obwohl sie bereits seit vierzig Jahren verstorben ist.

Ebenso existiert die Energie der Gottheiten für immer im kollektiven Gedächtnis der menschlichen Rasse, denn Energie kann nicht zerstreut, nur umgewandelt werden. Sobald eine Absicht Energiemuster manifestiert, setzen sich diese, sofern sie nicht verwandelt werden, fort – wenn auch nur als Möglichkeit. Fortbestehende Archetypen von mit der Natur verbundenen Göttern und Göttinnen beinhalten: In der indianischen Kultur die *Corn Maiden* (die Korn-Jungfer), die Beistand für den Lebensunterhalt bietet; in der britischen Kultur der *Green Man* (der Grüne Mann), der dafür sorgt, dass Dinge wachsen; und in der Ägyptischen Mythologie Osiris, der Gott der jährlichen Erneuerung der Vegetation im Frühling. Jeder hat eine Aufgabe, die sich auf einen menschlichen Bedarf bezieht und in einer Form ausgedrückt wird, die von Kultur zu Kultur variiert.

Der Weg, die Geister des Landes zu treffen, geht über das Erkennen des energetischen Potenzials eines Ortes für die Manifestation spiritueller Wesen und über die Hervorhebung der Sinne. Der Menschen Gebrauch der Wahrnehmung über die visuelle Sicht hinaus und ihre Bereitschaft, offen für Geistwesen zu sein, sind die Ursachen dafür, dass Ix Chel noch als lebende Göttin für das Volk der Maya existiert und Kwan Yin als Bodhisattva für die chinesischen Buddhisten weiterlebt. Wenn man sich Orten auf eine ehrfürchtige Art und Weise mit der Absicht nähert, Führung zu suchen, um als Vermittler des Geistes zu dienen, dann manifestiert die entsprechende Energie solche Gottheiten. Wenn Vorurteile gegenüber der Möglichkeit existieren, Gottheiten zu treffen, dann ist es zweifelhaft, ob ihre Gegenwart gespürt werden kann.

Vorurteile gegenüber der Möglichkeit, die Geister des Landes zu treffen, können das Ergebnis vieler Umstände sein. Die zwei Hauptvorurteile sind der in modernen Gesellschaften vorherrschende Glaube, dass die Wirklichkeit von der Begreifbarkeit definiert wird – was nicht gesehen oder berührt werden kann, existiert nicht

– sowie der in allen Gesellschaften vorherrschenden Tendenz, die Realität durch Konsens festzulegen. Als beispielsweise die ersten Europäer in Amerika eintrafen, wird erzählt, dass die einheimischen Völker die großen hölzernen Schiffe, die an ihren Küsten ankerten, nicht sehen konnten, weil diese Objekte in ihrem Realitätsrahmen nicht existierten. Ein Schamane sah allerdings Wellen im Wasser, wonach er die Schiffe sehen konnte; dann konnten die übrigen Menschen sie auch sehen. Die Wellen der schaukelnden Schiffe teilten ihm mit, dass „etwas" anders war. Das heißt, durch das Zulassen anderer Möglichkeiten, indem er seinen Referenzrahmen erweiterte und seine „Scheuklappen" abnahm, war er schließlich in der Lage, die Schiffe zu „sehen". Sobald er sie sah, nachdem er die Bilder in sein eigenes Bewusstsein gebracht hatte, konnte auch der gesamte Stamm die „Wirklichkeit" der Schiffe sehen. Auf ähnliche Art und Weise ist es unsere Aufgabe, „sehen" zu lernen, wenn wir die Geister des Landes treffen wollen.

Wenn wir uns der Existenz anderer Energieformen, wie etwa Gottheiten, bewusst sind, geben wir ihnen den Raum, sich als visuelle Erscheinungen zu manifestieren. Ebenso wie Kinder es lernen, schnörkelige Linien auf einem Blatt als Worte zu sehen, können Menschen es lernen, die Geister des Landes zu sehen, indem sie sich für die anwesenden feinstofflichen Energiefelder öffnen und daran glauben, dass sie mit Gottheiten verbunden sein können. Wenn ein Objekt oder eine Idee im Bewusstsein einiger Menschen existiert, hat es zudem das Potenzial, zur Realität von einer größeren Anzahl von Leuten zu werden. Oft genügt es, wenn jemand auf etwas hinweist. Bis ein derart erhellender Moment auftritt, mag ein UFO versehentlich für eine Wolke oder ein Naturgeist für einen dünnen Nebel gehalten werden.

Die Kraft der kollektiven Absicht kann sogar noch stärker sein und alte Energiemuster manifestieren. Vielleicht für Hunderte oder Tausende von Jahren nicht in Erscheinung getretene Gottheiten, sogenannte schlummernde Göttinnen, können als Antwort auf die Absichten einer großen Zahl von Menschen zum richtigen Zeitpunkt wieder erscheinen – zum Beispiel wenn sich alle zwölf Jahre, während des Kumbha Mela Festes, Millionen von Hindus in Indien am Zusammenfluss der Flüsse Ganges und Jumna treffen, um Wunder zu manifestieren.

Solche Manifestationen geschehen besonders dort, wo die Schwingungsebene des Landes hoch ist – entweder aufgrund immanenter Bedingungen (wie die Nähe von Kraftlinien) oder wenn die Schwingungsebene durch kollektive Absicht erhöht worden ist. Kollektive Absicht, die an einem Ort positiver Energie stattfindet, zerstreut negative Energien und fördert den liebevollen Respekt für alle Wesen.

Göttliche Energien wahrnehmen

Um den Weg für Begegnungen mit den Geistern des Landes zu öffnen, ist es wesentlich, an ihre Existenz und ihr großes Potenzial zu glauben, Menschen zum Führen kreativerer und gesundheitlich ausbalancierterer Leben zu verhelfen. Diese Geister erscheinen in verschiedenen Formen und können von allen Sinnen wahrgenommen werden. Da sie jedoch normalerweise nicht in der dreidimensionalen Realität existieren – weil wir unsere Wahrnehmung ihnen gegenüber nicht geöffnet haben –, ist das, was wir sehen, fühlen und hören, häufig indirekt. Manchmal erscheinen ihre Formen im von einem Lagerfeuer aufsteigenden Rauch oder ihre Stimmen können im Wind gehört werden. Sie können sich als Berührung auf der Haut manifestieren oder vielleicht einfach als „Wissen". Ihre Nachrichten können durch Aktivitäten der Natur erkannt werden, wie etwa ein vorbeifliegender Vogel oder eine Welle, die das Wasser bewegt. Da sie jedoch nicht gespürt werden können, bis gewohnheitsmäßige Wahrnehmungsmuster überwunden worden sind, ist es notwendig, den inneren Dialog, der diktiert, was gesehen werden kann und was nicht, ruhigzustellen. Dann können die Geister direkt mit deinem inneren Reich kommunizieren, durch Intuition oder Höhenflüge des Vorstellungsvermögens.

Um (besser) zu begreifen, dass die erlernte Wirklichkeit nur ein Teil der ganzen Wirklichkeit ist und es für das Spüren göttlicher Energien wesentlich ist, über die gewohnheitsmäßige Wahrnehmung hinauszugehen, erinnere dich daran, wie du als Kind gesehen hast, bevor alle Glaubenssätze und Sehgewohnheiten sich verfestigt hatten. Erinnere dich daran, wie lebendig deine Umgebung war, und an das Staunen, das du bei deinen ständig neuen Entdeckungen gefühlt hast, wie du sowohl wirkliche als auch imaginäre Freunde empfandest, und wie Tiere Namen und Persönlichkeiten besaßen. Erlaube dir selbst, die Welt wieder in dieser lebhaften und beseelten Art und Weise zu sehen, indem du die das Wahrnehmungspotenzial beschränkenden Vorurteile beiseite legst.

Mache dir außerdem bewusst, dass es die Konditionierung der Gesellschaft ist, welche die Menschen zum Urteilen veranlasst – eine Sache als gut und eine andere als schlecht anzusehen. Im Gegensatz dazu gibt es für den Schöpfer keine derartigen Polaritäten, denn für den Schöpfer haben alle Dinge den gleichen Wert. Das Leben eines Insekts, eines Tigers, einer Blume und eines menschlichen Wesens sind gleich wertvoll, denn jedes ist voller Liebe des Schöpfers. Wenn ein Medizinmann Regen verursacht, indem er mit einem Käfer herumspielt, zapft er dann die Kraft und Liebe des Schöpfers an, in dem Wissen, dass die Wolke, das Insekt, der Mensch und die Erde alle eins sind.

Folglich können wir die Geister des Landes einfacher treffen, wenn wir aufhören, nur das wahrzunehmen, was durch die Gesellschaft festgelegt in unseren Köpfen ist, und lernen, mit unseren Herzen und unserem ganzen Körper zu sehen. Wenn die innere Welt die äußere reflektiert, dann ist ein größerer Zugang zum gesamten Energiespektrum möglich.

Freie Geister oder Verbündete finden

Verbündete sind leicht gefunden, insbesondere wenn du nach ihnen Ausschau hältst und offen genug bist, sie in den wilden Gebieten, wie Prärien, Wüsten, Wäldern, Bergen und Orten, wo das Wasser auf das Land trifft, wahrzunehmen. Seit Jahrtausenden von Jahren gehen Schamanen in die Wildnis, um Verbündete – einschließlich Fels-, Baum-, Pflanzen- und Wassergeister – zu suchen, weil die von der Menschheit produzierten Geräusche Geistmanifestationen gegenüber unwirtlich sind und Verbündete leichter in ihrem eigenen Element wahrgenommen werden können. Wenn Orte in der Wildnis durch Wasserverschmutzung, das Herunterschneiden von Bäumen, das Begradigen von Flüssen etc. gestört oder beschädigt werden, dann leidet die Erde und Lebewesen werden verletzt. Da die Umwelt der Erde weiterhin von Menschen derart geplündert wird, hat sich die Macht, Erscheinung und Zahl dieser freien Geister vermindert. Wenn allerdings im Gegensatz dazu Orte in der Wildnis energetisch erhöht werden – beispielsweise dadurch, dass sie geehrt werden –, werden die Geister gestärkt und die schädlichen Auswirkungen der menschlichen Zerstörung können zumindest teilweise ausgeglichen werden. Es ist jedoch nicht notwendig, weit in die Wildnis hineinzugehen, um Verbündete zu sehen – nur muss man sich aus der Mitte des mechanisierten Lebens herausbegeben.

Die Anwesenheit von Verbündeten herbeizurufen, erfordert die richtige Einstellung, da die energetischen Muster dieser Geister nicht stark genug sind, um sich in stofflichen Formen in der starken dreidimensionalen Welt zu stabilisieren und sie somit eine Umgebung brauchen, die ihre Manifestierung erlaubt. Sie werden durch einen Energie-Austausch auf diese Ebene gebracht; das bedeutet, Menschen leihen ihnen aufnahmebereite (weibliche) Energie, damit sie ihre ausdrucksvolle (männliche) Energie enthüllen können. Verbündete manifestieren sich, indem sie sich in das Bewusstsein desjenigen, der sie sucht, einprägen, obwohl dies heute nahezu eine verlorene Kunst ist.

Heutzutage können Menschen Zugang zu Informationen gewinnen, indem sie sie in einem Buch oder im Internet nachschlagen. In vergangenen Zeiten fragten Menschen Verbündete um Antworten und erkannten dabei, dass diese Wesen die Verwalter eines riesigen Wissensspeichers waren. Verbündete wurden beispielsweise benutzt, um Pflanzen für die Behandlung von Krankheiten oder für zeremonielle Zwecke zu finden. Dies ist offensichtlich der Weg, auf dem Schamanen des Amazonas Informationen zu den Eigenschaften der Pflanze Ayahuasca erhielten. Wenn Leute fragen, wie sie unter 80.000 anderen Spezies von den halluzinogenen Eigenschaften gerade dieser Pflanze erfahren haben und davon, dass sie ihnen ermöglicht, Visionen zu haben, antworteten die Schamanen: „Die Pflanzen haben uns davon erzählt."

Mit Übung können Verbündete gut verstanden werden, da sie unmissverständliche Geräusche machen. Sie klingen „natürlich", aber leicht untypisch für die Landschaft, und sind daher für den Beobachter zu erkennen. Verbündete des Waldes beispielsweise – die vom tiefsten Dschungel bis zum stillen Hain in einem Park gefunden werden können – machen häufig ein Geräusch, das wie „tock (Pause) tock-tock" klingt. Australische Aborigines oder auch die einheimischen Völker des Regenwaldes in Südamerika machen „Klick-Stäbe", die dieses Geräusch nachahmen, um die Geister anzuziehen. In Wüstengegenden und Prärien finden sich Verbündete, die ein Geräusch machen, das wie das Surren eines Insektes klingt, nur viel lauter. Aborigines und einige Stämme in der Wüste im amerikanischen Südwesten befestigen flache Stöcke an Bändern, die, wenn sie sehr schnell geschwungen werden, diese

Geräusch nachahmen, um bei der Regenproduktion zu helfen. Manchmal klingen Verbündete wie der Wind. Du wirst erkennen, wenn sich ein Verbündeter nähert, denn deine Nackenhaare werden sich aufrichten, deine Sinneswahrnehmung wird intensiver, und vielleicht verspürst du Angst.

Wenn du auf Verbündete triffst, dann bestimmen deine Haltung und Emotionen ihre Fähigkeit oder Bereitschaft zu helfen. Selbst wenn du Furcht verspürst, wenn du einen siehst – und diese Reaktion ist absolut normal, da es sich um eine automatische Reaktion des Nervensystems handelt –, so ist Furcht die falsche Emotion, um einen Verbündeten anzuziehen oder zum Bleiben zu bewegen, denn Furcht ist negative Energie, die ihn abstoßen oder sogar verärgern kann. Aus schamanischer Sicht ist dieses Gefühl eigentlich nicht wirklich Furcht, sondern ein Anziehen der energetischen Schnüre in unseren Körpern, die uns an die Realität binden. Wie auch immer, die Reaktion des rationalen Verstandes sendet die Energie der Furcht wie ein Schwert aus, das schneiden und verletzen kann, und das ist es, was den Verbündeten abstößt und verärgert. Um dies zu vermeiden, verlagere dein Bewusstsein beim Nähern eines Verbündeten ins Herz, das nur Liebe kennt. Dies wird den Verbündeten anziehen, so dass du dich mit ihm anfreunden und ihn um Hilfe bitten kannst, wenn du dies wünschst.

Verbündete kommen zu Menschen, weil sie an ihnen interessiert sind und helfen wollen; sie fühlen sich bereichert dadurch, dass sie sich in Menschen gespiegelt sehen und so menschliches Verhalten annehmen. Aus diesen Gründen haben Zauberer seit Jahrtausenden danach gestrebt, Verbündete zu fangen und zu benutzen. Sie tun dies, indem sie ihnen ihre Gedanken einprägen, so dass die Verbündeten des Zauberers Absichten ausführen. Doch mit diesem Prozess sind Gefahren verbunden. Da es persönliche Kraft kostet, einen Verbündeten zu fangen und zu behalten, nimmt zum einen das Ego fälschlicherweise an, dass der Verbündete dem Zauberer gehört. Zum anderen können Verbündete, wenn sie erkennen, dass ihre Macht missbraucht oder beschränkt wird, demjenigen, der sie missbraucht, das Leben schwer machen. Wenn man einen Verbündeten in der Wildnis findet, dann ist es besser, vom Herzen aus zu agieren und ihm Freiheit zu gewähren, so dass er ein wahrer Verbündeter wird – mit einem Austausch von Energie, der für beide Seiten von Vorteil ist. Das Ziel beim Klären und Reinigen deines Lebensraumes ist es, Verbündete ohne Angst zu begrüßen, ihnen deine Dankbarkeit zu zeigen und sie für ihre Arbeit zu ehren, die das Land lebendig, mit Geist erfüllt, bewahrt. Auf diese Art und Weise können Verbündete als mächtige Kräfte für die Harmonie der Umgebung „genutzt" werden, indem sie Schaden abwehren, die Schwingungsfrequenzen von Pflanzen und Tieren erhöhen und als Wächter dienen.

Als Vorbereitung für die gegenseitig vorteilhafte Interaktion mit Verbündeten übe es, das Bewusstsein in nächtlichen Gebeten auf das Herz zu lenken, indem du dich auf Bilder und Gefühle im Herzen konzentrierst, anstatt sie zu verbalisieren. Nicht nur die Gebete selber haben mehr Kraft, sondern auch deine Fähigkeit zur Umwandlung von Energie in Gebäuden und Landgebieten wird verbessert.

Krafttiere entdecken

Für das Klären und Reinigen von Land und Strukturen durch Umwandlung von Energie ist es von Vorteil, ein Krafttier oder Totem zu haben, da diese als führende und beschützende Vermittler dienen. Einzelne Menschen können mehrere Krafttiere gleichzeitig haben, obwohl die meisten Menschen eines haben, neben anderen geistigen Helfern, die eine ähnliche Rolle erfüllen können. Du kannst ein derartiges Tier selbst entdecken, vielleicht durch Meditation, oder du kannst jemanden, der im Schamanismus erfahren ist, um Hilfe bitten. The Foundation for Shamanic Studies gibt Kurse, in denen sie Menschen lehrt, Krafttiere zu sehen, zu finden und zurückzuholen.[1] Obwohl die feinstoffliche Realität durch das normale Bewusstsein ausgefiltert wird, kann sie durch Trommeln, Tanzen, Rasseln, Atemarbeit oder einige andere fachkundige Mittel zum Hervorrufen eines visionären Zustandes zugänglich gemacht werden – eine Aktivität, die Schamanen seit etwa dreißigtausend Jahren ausüben.

Da Krafttiere in Stärken und Schwächen, Sehnsüchten und Beschränkungen einer Person gleichen, ist ein wichtiger Weg für das Identifizieren deines Krafttieres/deiner Krafttiere der, dir deiner einzigartigen Qualitäten und bewusster oder unbewusster Wünsche gewahr zu werden. Dies wird manchmal sowohl durch die Erinnerung an Kindheitsidentifizierungen mit Tieren wie auch durch den Rückblick auf wichtige Wendepunkte in deinem Leben erleichtert. Als du Kind warst, gab es vielleicht gewisse

Tiere, zu denen du eine besondere Verwandtschaft verspürt hast. In deinem späteren Leben hast du vielleicht aufgrund spezieller Ereignisse eine ungewöhnliche Anziehungskraft zu den Qualitäten eines Tieres gespürt – vielleicht das in die Lüfte Aufsteigen eines Adlers oder die Griesgrämigkeit eines Bären.

Um darüber hinaus dein Krafttier zu identifizieren, beginne wahrzunehmen, welche Kreaturen wiederholt deine Aufmerksamkeit auf sich ziehen und zu einem Teil von dir zu „sprechen" scheinen. Dies schließt auch Tiere im Fernsehen, wie beispielsweise Haie oder Löwen, ein. Selbst wenn du dein Krafttier nicht identifizieren kannst, so ist es möglicherweise für deine Freunde und Familienmitglieder sofort ersichtlich. Eine Frau, die sagte, dass sie nicht die leiseste Ahnung hätte, was ihr Krafttier sein könnte, hatte nahezu zweihundert Schildkröten auf einem Regal neben ihrer Eingangstür sitzen – alle Formen, Farben, Größen und Materialien. Sie sagte: „Ich mochte sie als kleines Mädchen, und aus irgendeinem Grund haben Leute mir mein Leben lang Schildkröten geschenkt."

Sobald du beginnst, zu einem Tier Resonanz zu finden, verstärke die Verbindung, indem du es ehrst. Hänge ein Bild von ihm an den Kühlschrank oder stelle eins bei der Arbeit auf deinen Schreibtisch. Erschaffe eine besondere Zeremonie durch Tanz oder Gesang, in der du das Tier begrüßt und ihm für sein Erscheinen dankst. Werde „eins" mit dem Tier, während du mit ihm verschmilzt und mit seinen Augen siehst. Vielleicht wird das Tier in Tag- oder Nachtträumen erscheinen und Führung anbieten. Krafttiere können auch in Nachtgebeten verwendet werden. Wenn zum Beispiel ein

Familienmitglied oder Freund krank ist oder du dir Sorgen um ein Familienmitglied machst, das in der Ferne weilt, bitte dein Krafttier, dem Betreffenden zu helfen. Das Ergebnis mag dich überraschen, vielleicht erhältst du bald einen Telefonanruf von dem Menschen.

Nachdem du dich mit deinem Krafttier verbunden und Führung erhalten hast, vielleicht in Form einer starken Intuition, wird es einfacher werden, es um weiteren Rat zu fragen, wenn dies notwendig sein sollte. Ein Weg hierfür ist es, einfach dein Krafttier um eine Antwort zu einer Frage zu bitten und zu schauen, wohin oder wie du geführt wirst. Es mag sein, dass deine Aufmerksamkeit plötzlich zu einem Satz in einem Buch gelenkt wird, der dich als Hinweis anspringt; vielleicht ruft jemand unerwarteterweise an, um die Hilfe anzubieten, die benötigt wird; oder eine zufällige Bemerkung in einer Unterhaltung mit jemandem kann eine Antwort zu deiner Frage enthüllen. Indem du den Dialog mit deinem Krafttier während des Tages, in Nachtgebeten und durch Meditation oder Träume übst, wirst du dich auf das Krafttier einstimmen und seine Anwesenheit tatsächlich fühlen, wohin auch immer du gehst; dies spiegelt sich in den Menschen, Orten und Dingen, mit denen du verkehrst, wider.

Göttinnen und andere lokale Gottheiten erkennen

Im Vergleich zu Krafttieren sind Göttinnen und andere lang etablierte lokale Gottheiten – wie die *Kachinas*, die Geistboten der Hopi – schwerer zu fassen. Sie können jederzeit überall erscheinen, aber es mag einiger Suche bedürfen, um den Ort zu finden, wo sie sich aufhalten. Wenn du ihr mögliches Terrain entdecken willst, sei besonders aufmerksam gegenüber intuitiven Hinweisen, richte deinen sechsten Sinn auf Veränderungen in deiner energetischen Umwelt und widerstehe der Versuchung, dich auf das zu verlassen, was du über einen Ort zu wissen glaubst. Ein Beispiel: Nur weil ein See oder eine ungewöhnliche Landform von einer Stadt oder dem Durcheinander eines Vorortes umgeben ist, nimm nicht an, dass er für Göttinnen ungeeignet wäre. Eine Göttin kann Nester von feinstofflicher Realität inmitten städtischer Verschandelung unterhalten, während sie für Menschen, die nicht offen sind, sie zu sehen, nicht wahrnehmbar sind. Wie in Brigadoon, dem mythischen Ort im schottischen Hochmoor, der alle hundert Jahre für einen einzigen Tag erschien, gibt es unter dem Straßenpflaster und zwischen den Gebäuden der heutigen Welt richtiges Land mit Erdenergie und sogar Kraftlinien, die Göttinnen anziehen. Natürlich bieten Standorte mit ganz natürlicher Flora und Fauna die besten Möglichkeiten, Ruheplätze einer uralten schlummernden Göttin zu finden, wie ein Schneewittchen, das in einem Kokon natürlicher Energie ruht und auf deinen „Kuss" zur Erweckung des Bewusstseins wartet.

81

Solche Gottheiten werden häufig auf heiligem Land gefunden; manche dieser Stätten werden derzeit von städtischer Ausbreitung, Tourismus oder kommerziellem Bergbau bedroht. Wenn Stämme einheimischer Völker versuchen, Minenförderung auf ihren Ländern zu verhindern, dann streben sie danach, die Heiligkeit dieser Plätze und die Energie der mit ihnen verbundenen Gottheiten zu erhalten; doch ohne größeres öffentliches Bewusstsein und Unterstützung für das Konzept heiliger Stätten werden solche Kämpfe mit Sicherheit verloren.[2] Göttinnen, die an diesen Stätten und anderswo angetroffen werden, sind mächtige, vieldimensionale Wesen, die in der Lage sind, sich in verschiedene Formen zu verwandeln und gleichzeitig an unterschiedlichen Orten zu erscheinen. Sie vollbringen Wunder, enthüllen Visionen, geben einzelnen Menschen mehr Macht und verursachen Naturerscheinungen – wie beispielsweise das Versorgen ausgetrockneter Gebiete mit Regen oder das Umlenken von Fluten. Wenn du eine Göttin entdeckst und die Energie eines Ortes erhöhst, dann gibst du dieser Göttin mehr Macht – indem du ihr deinen „Kuss" zum Erwecken des Bewusstseins gibst. Gleichzeitig baust du eine Verbindung zu ihr auf, die sie dazu ermutigt, dir zu jeder Zeit bei deinen Aufgaben zu helfen. Wenn du also eine Göttin findest, so hat dies einen Domino-Effekt, der die Möglichkeit begünstigt, Göttinnen an anderen heiligen Stätten zu entdecken, die erhöhte Niveaus von Schwingungsfrequenzen benötigen.

Göttinnen setzen alle anderen Grade natürlicher Geister an einem Ort außer Kraft; sie sind Wesen von einem Ausmaß, das größer ist als Naturgeister, Kobolde, Elfen etc. Die Energie einer

Göttin stärkt die Naturgeister, bereichert die Landschaft, belebt die Pflanzen und Tiere und sorgt dafür, dass feine Energien fließen. Plätze, an denen eine Göttin aktiv ist, sind daran erkennbar, dass sie eine Lebendigkeit besitzen, die anderen Orten fehlt. Die Vegetation wird grüner erscheinen, das Wasser klarer, die Luft frischer und die Energie wird die menschliche Emotion widerspiegeln – mit Schatten, die ärgerliche Gedanken über das Land werfen, oder Sonnenschein, der mit Glück erscheint –, während sie gleichzeitig als Puffer für schädliche Einflüsse dient.

Nachdem du eine Örtlichkeit mit Göttinnen-Energie entdeckt hast, ist der nächste Schritt, zu erkennen, ob sie schlummert – das heißt, ob sie in einem Nest innerhalb einer städtischen Landschaft mit gerade genug Energie zu ihrem Schutz einfach existiert oder ob sie gedeiht. Wenn das erstere der Fall ist, so ist es deine Aufgabe, die Schwingungsfrequenz des Ortes zu erhöhen, um die Macht der Göttin zu stärken und sie vielleicht dazu anzuregen, dir zu erscheinen; wenn das letztere zutrifft, dann kannst du die Energie verstärken, um die Göttin glücklich zu halten und ihr mehr Macht zu geben. Da Göttinnen nicht länger wie in vergangenen Zeiten generell durch die Energien der Menschen belebt werden, haben ihre Energien abgenommen.

Göttinnen, deren Macht verstärkt wird, sind Quellengeschöpfe, die alles um sie herum beleben und Kraft aus ihren eigenen Aktivitäten ziehen. In gewissem Sinne sind sie wie die selbstversorgenden, lebensgebenden Eigenschaften der Erde selbst mit ihren Zyklen von Wettermustern und Jahreszeiten, welche die Bedingungen für Leben und Wachstum aufrechterhalten. Darüber hinaus können Göttinnen, deren Macht verstärkt wird, negative Energie in lebenserhaltende Energie umwandeln. Sie gedeihen durch diese Energie, während sie ihre positiven Effekte verbreiten, und je machtvoller sie sind, desto mehr negative Energie können sie verwandeln. Das Erhöhen der Schwingungsfrequenz eines Ortes, an dem eine Göttin wohnt, kann somit positive Energie exponentiell und mehrdimensional verstärken. Allein das Schaffen eines Altars daheim, der eine aktivierte Göttin – wie etwas Kwan Yin, Ix Chel oder die Corn Maiden – besonders herausstellt, kann sowohl die Schwingungsfrequenz deines Hauses erhöhen, und somit die Göttin zum dortigen Leben einladen, als auch positive Energie schaffen, um ihre Anwesenheit zu unterstützen.

Obwohl es nicht schwierig ist, die Auswirkungen von Göttinnen zu sehen, kann es problematisch sein, sie zu identifizieren, da die gleiche Göttin in verschiedenen Formen erscheinen kann. Kwan Yin beispielsweise, eine östliche Göttin des Mitgefühls, wird mit Isis aus dem alten Ägypten in Verbindung gebracht und ist in Japan als Kannon, in Bali als Kanin und in Tibet als Tara bekannt. Sie wird als weiblicher Aspekt von Avalokiteshvara angesehen. Im Hinduismus wird sie als Shakti, die Frau von Vishnu, verehrt. Von der gleichen Schwingung ist auch Maria, die Mutter von Jesus. Ihre charakteristische Funktion, das Leiden der Welt anzuhören, ist eine der ältesten Aspekte weiblicher Göttlichkeit. Sie erscheint in gnostischen Texten als Sophia und wird mit Yin, der weiblichen Kraft (das Gleichgewicht zu Yang, der männlichen Kraft), der Mutter aller Dinge, in Verbindung gebracht. Sie verändert sich häufig in unauffällige Formen, während sie noch immer einen positiven Einfluss auf das Leben der Menschen ausübt. Das Kapitel der „Universelle Zugang" im Lotos-Sutra führt zweiunddreißig typische Formen auf, in denen sie erscheinen mag.

In manchen Kulturen gehen Göttinnen mit Wundern einher. Zum Beispiel gibt es unzählige Geschichten von Kwan Yins Wundern im Osten während des letzten Jahrtausends, ebenso wie von der Jungfrau Maria im Westen, sowie unzählige Erzählungen von Segnungen, die andere Göttinnen beschert haben, wie beispielsweise Ix Chel in Zentralamerika, Sedna unter den Inuit und White Shell Woman (White Bead Woman) im amerikanischen Südwesten. Weltweit nehmen sie viele Formen an. Die Corn Maiden und Rainbow Woman des amerikanischen Südwestens werden zum Beispiel von den Zulus in Afrika als Inkosazana bzw. Mbaba Mwana Waresa gesehen. Es gibt sogar ein in allen Kulturen durch die Jahrhunderte verbreitetes Motiv, die dreifache Göttin, die sich als Jungfrau, reife Frau oder weise Frau verkörpert und lehrt, dass die weibliche Kraft in allen Formen erscheint und für alle Ewigkeit besteht. Die siebzehnhundert Jahre alten Nag Hammadi-Texte enthalten eine Beschreibung derartiger weiblicher Macht, die als das Alpha und Omega des Lebens selbst angesehen wird. Ein gnostisches Buch mit dem Titel *The Thunder: Perfect Mind* postuliert, dass Gott, der Schöpfer, weiblich war, vom jungfräulich leeren männlichen Zustand des ursprünglichen Nichts aktiviert, und während sie die Stärke annahm, gebar sie die gesamte Schöpfung. Darin verkörpert sich die griechische Vorstellung vom kosmischen *pneuma*, dem aktiven, intelligenten Element in allen Dingen, aus Luft und Feuer erstellt. Heute beginnen Anthropologen und Historiker übereinstimmend festzustellen, dass die patriarchalische Gottheit moderner Zeiten eine Fehlentwicklung ist, da alte Völker das weibliche Göttliche Prinzip verehrten und ein Dreigestirn von Frau, Mann und Kind sahen – nicht Vater, Sohn und Heiliger Geist, welches als Vorstellung durch den römischen Einfluss des frühen Christentums aufkam und als Kirchendoktrin nicht vor dem fünften Jahrhundert festgeschrieben wurde.[3]

Über die ganze Welt verteilt, gibt es für nahezu alles eine Göttin, obwohl ihre Typen sehr spezifisch sein können – so wie Tei Tituaabine, die „Mutter der Bäume", auf den Gilbert Inseln, oder die „Mutter der Yamswurzel", die vom afrikanischen Volk der Ibo geehrt und angebetet wird – und einige nur darauf warten, wiedergeboren zu werden. Wie im Film *Feld der Träume*, wo Kevin Costner in seiner Rolle ein Baseball-Feld baut, um die Geister vergessener großer Spieler anzuziehen, ermutigt das Erhöhen der Schwingungsfrequenz eines Ortes das Ehren der Göttinnen und die Erlaubnis an sich selbst, die Wesen wahrzunehmen. Es lädt die Göttinnen ein, anwesend zu sein und Segen zu spenden. Indem man den Geistern eines Ortes gegenüber offen ist, ist die persönliche Absicht auf den Willen des Schöpfers abgestimmt, und man wird zum Mitschöpfer, der im besten Interesse aller handelt.

Göttliche Wesen und Krafttiere um Hilfe bitten

Nachdem wir die Geister des Landes getroffen haben, besteht der nächste Schritt darin, zu lernen, wie man sie um Führung beim Umwandeln von Energie bittet. Obwohl der Schöpfer die Existenz von göttlichen Wesen und Krafttieren erwirkt, damit sie als Verwalter dienen, sind diese Kräfte des Universums in der Regel nicht in der Lage einzugreifen, sofern sie nicht von Menschen um Hilfe gebeten werden. Der Grund hierfür ist der freie Wille, der den einzelnen Menschen gegeben ist und der Vorrang hat, um die für die Evolution notwendigen Lernerfahrungen zu ermöglichen.

Bevor wir damit fortfahren, die Orte zu bewerten oder Energiearbeit zu verrichten, ist es also wichtig, Hilfe zu suchen. Bitten werden am besten als Affirmationen geäußert, denn Fragen allein lassen die Möglichkeit offen, dass keine Antwort verfügbar sein könnte. Dies kann am besten mit der folgenden Affirmation getan werden: „Schöpfer, Erdenmutter, Himmlischer Vater, Geistführer, Engel und Krafttiere, Danke dafür, dass ihr mich leitet und beschützt, mir Licht gebt, so dass ich sehen kann, was ich tun muss." Wenn die Gottheiten und Krafttiere auf diese Weise geehrt werden, so erweisen sie vielleicht durch ein *Namasté* die Ehre zurück und gewähren Führung. Wenn ein Mensch mit reinem Herzen kommt, mit Glauben und lauterer Absicht, den Willen des Schöpfers zu tun, so gewinnt er Zugang zu größeren Einsichten. Neue Formen

87

der Wahrnehmung öffnen sich und ein größeres Potenzial für die Entwicklung von Wundern tut sich auf.

Wenn du einen Ort betrittst, der geklärt und gereinigt werden soll, ist es daher am besten, wenn du deine Intuition befragst (siehe Übung 3), dir einen Moment Zeit für ein Gebet nimmst (siehe Übung 4) und die Affirmation zur Bitte um Beistand verwendest. Indem du den Energien des Ortes dankst, sendest du die Nachricht aus, dass du dort bist, um das Allerbeste für alle zu tun. Du kannst die Affirmation sprechen, während du dich erdest, dich zentrierst und dich in Vorbereitung auf deine Energiearbeit abschirmst. Nachdem du den Ruhepunkt erreicht hast, wisse, dass du nicht allein bist – deine Geistführer, Engel, Göttinnen und Krafttiere begleiten dich, während du mit den Geistern des Landes zusammenarbeitest. Wenn du dann mit einer Zeremonie fortfährst, musst du nur im Jetzt verbleiben und deiner Intuition folgen.

Übung 3: Deine Intuition entschlüsseln

Wenn du nach einem möglichen Ort suchst, um die Geister des Landes zu treffen, öffne eine Karte der Gegend, in der du lebst, einer Region, die du zu besuchen planst oder eines beliebigen Ortes. Dann formuliere die Absicht, dass dir deine Geistführer und Engel zeigen, wo du die Geister des Landes antreffen magst. Versuche, Informationen aus diesen Quellen zu „lesen", indem du deine Hand über die Seite des Atlas führst und dir Bereiche merkst, die ein Gefühl übertragen, denn die Handflächen haben Chakras, die sehr empfindlich auf Energie reagieren.

Ein anderer Weg, um mögliche Orte zu finden, ist durch den Gebrauch eines an einer Kette befestigten Kristallpendels oder eines Ringes, der als Pendel an einem etwas dreißig Zentimeter langen Band festgebunden ist. Lasse das Pendel baumeln, während du es bittest, Richtungsbewegungen für „ja" oder „nein" anzuzeigen: Es wird für „ja" in die eine Richtung schwingen und für „nein" in die andere. Dann halte das Pendel über die Orte auf der Landkarte und formuliere Fragen, die durch diese Richtungsbewegungen beantwortet werden können. Zum Beispiel: „Ist dies ein Ort, den ich besuchen soll?" Verfeinere deine Fragen Schritt für Schritt, bis du sehr spezifische Antworten über Orte erhältst. Du magst zu Plätzen geführt werden, die ohne viele Nachforschungen nicht hätten gefunden werden können, wie beispielsweise Kraftpunkte, die nur den dort lebenden Menschen bekannt sind. Zusätzlich zur Arbeit mit den Landkarten folge jedem „nagenden" Gefühl über einen Ort, insbesondere dann, wenn er immer wieder in Unterhaltungen auftaucht. Das Festlegen einer Absicht und Offenheit für die Intuition sind die Schlüssel dazu, Orte für mögliche Treffen mit den Geistern des Landes genau zu bestimmen.

Übung 4: Mit dem Herzen beten

Das Arbeiten mit dem Erhöhen der Schwingungsfrequenz von Gebäuden und Landgebieten erfordert das Arbeiten aus dem Herzen heraus – nicht mit dem Verstand, unserem gewohnheitsmäßigen Bezugsrahmen. Ein Weg, sich mehr im Herzen zu zentrieren, führt über Nachtgebete. Wenn du nachts schlafen gehst, bedeutet dies: Anstelle in deinem Kopf die Menschen, Orte oder Dinge, für die du zu beten wünschst, aufzulisten und anschließend deine Gebete zu verbalisieren, versuche eher, sie mit deinem Herzen zu visualisieren.

Zunächst denke an einen Menschen, dem du Segenswünsche für Heilung oder Hilfe senden möchtest, dann fühle, was „hochkommt". Identifiziere die Gefühle, untersuche sie und lasse diesem Menschen nur die Energie der Liebe zukommen.

Ebenso erforsche die auftauchenden Bilder und Farben, während du ihnen erlaubst, vor dir zu schweben. Vielleicht siehst du zum Beispiel einen goldenen Schein von Energie von dir ausstrahlen oder tiefviolette Bilder in dir aufsteigen. Verstehe, dass Gold häufig für beruhigende Energie steht, während Violett heilende Kräfte kennzeichnet und Grün Wachstum andeutet.

Während der Fluss von Emotionen und Farben auf die Bilder einwirkt, gewinnst du vielleicht Einblicke in die Situation der Person oder fühlst einfach eine Freisetzung von Energie von deinem Herzen zu ihrem. Trotz solcher Ergüsse von Energie ist das Herz immer voll. Du wirst daher so viel Liebe erhalten, wie du gibst, und dich selbst wieder auffüllen, während du anderen hilfst.

Aus dem Energie-Notizbuch: Einem nagenden Gefühl folgen

Jahrelang gab es etwas, das an mir nagte, wenn es um den Hot Springs National Park in Arkansas ging. Es schien so, als ob es jedes Mal, wenn ich mich umdrehte, einen Hinweis auf diesen Ort gab. Er sprang mich auf Straßenkarten an; Freunde erwähnten ihn; oder jemand war gerade dort gewesen beziehungsweise auf dem Weg dorthin. Wenn ich auf Reisen war, fing ich plötzlich an, über diesen Platz nachzugrübeln, doch dorthin zu reisen, hätte ich als unnötigen Umweg angesehen. Schließlich folgte ich doch meiner inneren Stimme, diese Stätte zu besuchen, und machte die wundervolle Begegnung mit Rainbow Woman, der Regenbogenfrau.

Der einheimische Name der Hot Springs ist *Manataka* oder *Platz des Friedens*, und über Jahrhunderte hinweg haben seine heilenden Wasser viele Stämme angezogen, die, solange sie dort weilten, gelobten, Frieden zu halten. Durch die heißen Quellen war das Land das gesamte Jahr über von leichtem Nebel verschleiert, der für Regenbogen sorgte, die Meilen entfernt gesehen werden konnten. Das Land wurde 1832 von der Bundesregierung konfisziert und 1921 in den Verbund der Nationalparks übergeben, womit es zum zweiten Nationalpark nach Yellowstone wurde. Der Manataka American Indian Council (MAIC) bewahrt die Geschichte und Traditionen dieser heiligen Stätte, was die Ehrung von Rainbow Woman einschließt. Lee Standing Bear Moore vom MAIC beschreibt die historische Rolle der Göttin wie folgt: „Von Kopf bis Fuß in weißes Hirschleder gekleidet und mit einer Adlerfeder in jeder Hand, steht sie auf dem Berg und überwacht den Frieden. Wenn Auseinandersetzungen aufkamen, konnte im Zwielicht eine Vision von Rainbow Woman gesehen werden, die in den Dämpfen des höchsten Pools als Warnung an die angreifende Person emporstieg. Wenn der Schuldige nicht auf diese Warnung hörte, kam die Dame des Regenbogens zu ihm und ließ eine Feder vor seine Füße fallen, was bedeutete, dass es weiser wäre wegzufliegen, als den Frieden erneut zu stören. Wenn diese Warnung nicht beachtet wurde, ließ sie die zweite Feder als Zeichen für seine Familie und andere fallen, um den Missetäter aus dem Tal zu entfernen, mit welchen Mitteln auch immer." [4]

Als ich zum ersten Mal auf Rainbow Woman traf, befand ich mich mit einer Gruppe rund um ein Lagerfeuer, und die strahlende Figur erschien mir im Rauch, Farben wie ein Prisma ausstrahlend. Zunächst wollte ich meinen Augen nicht trauen, doch als ich mit dem Gedanken wieder hinschaute, das Bild würde verschwunden sein, war sie noch immer da und blickte mich direkt an. Die Göttin sah in mein Herz und hörte meine Gedanken. Als ich um das Feuer ging und hinter den anderen stand, konnte ich sie durch die

Menschen sehen, als ob diese aus Rauch bestünden und nur sie Wirklichkeit wäre. Anscheinend beglückt darüber, dass ich sie sehen und hören konnte, beantwortete sie meine Fragen, während sie sich in meinem Geist formten. Ich fühlte mich so, als ob mein Herz Flügel der Liebe hätte, die durch die Hitze des Feuers verursacht wurden.

Die Worte, welche die Göttin sprach, waren wie musikalische Noten, die in meiner Seele trillerten. Sie übermittelte mir eine große Wahrheit, wonach ich ein Leben des Geistes führen müsste, wenn ich den Wunsch hätte, das Ziel meiner Seele auf Erde zu verwirklichen. Sie trug mir auch auf, die Weisheit des indianischen Medizinrades zu praktizieren; um zu verstehen, dass auch dann, wenn Völker aus verschiedenen Richtungen kommen und dabei die Farben des Rades reflektieren – Rot, Gelb, Schwarz und Weiß –, sie doch alle eins sind. Es geht darum zu begreifen, dass alle Völker das Herz, oder die Seele, im Mittelpunkt des Rades teilen. Nur wenn ich auf diese Art und Weise lebte, alle ehrte und die Gleichheit, nicht die Unterschiede sähe, so folgte ich wahrhaftig meinem Pfad. Weiterhin informierte sie mich darüber, dass ich meine Wahrheit ohne Furcht sprechen müsste und meine Worte Widerhall in den Herzen derer finden würden, die ihr Lied hören können.

Seit ich Rainbow Woman getroffen habe, habe ich den Hot Springs National Park viele Male besucht und lange Gespräche mit ihr geführt, sowohl im Wachzustand als auch im Traum. Nur dadurch, dass ich einem „nagenden" Gefühl gefolgt bin, habe ich sie gefunden und ihren Segen empfangen.

Aus dem Energie-Notizbuch:
Den Sonnenaufgang herbeitrommeln

Wohin auch immer ich reise, ob ich in einem Hotelzimmer oder draußen in der Natur bin, ehre ich die Geister des Landes dadurch, dass ich die Sonne herbeitrommele. Ich tue dies, indem ich kurz vor dem Sonnenaufgang aufstehe, Salbei verbrenne und ein Gebet in alle vier Richtungen spreche. Ich sage Dank dem Himmlischen Vater oben und der Erdenmutter unten. Dann schlage ich sanft eine Trommel, um ein Gefühl für die Erdenergien des Ortes zu bekommen und den örtlichen Geistern mitzuteilen, dass ich in Frieden komme und für jede Hilfe dankbar wäre. Ein derartiges Ehren der lokalen Geister hat oft erstaunliche Antworten zur Folge, die sich in ein Gefühl des „Wissens" übertragen. Im Anschluss schreibe ich normalerweise nieder, was ich wahrgenommen habe und lasse mich davon im Tag leiten.

Als ich zum Beispiel einmal die Golfküste besuchte, ging ich hinaus, um den Sonnenaufgang herbeizutrommeln, und es fiel mir ein aus dem Wasser herausragendes Rohr auf, das ich ignorierte. Einen Augenblick später traf eine große Welle auf das Rohr, woraufhin mir das Wasser ins Gesicht spritzte. Diesen Abend schaute ich auf eine moderne Übersetzung des alten Maya-Kalenders und sah, dass die Energie für diesen Tag empfahl, die geistige Führung wie durch einen Gartenschlauch – und nicht wie durch ein Stahlrohr – durch sich hindurchfließen zu lassen. Ich lachte, als ich mich an die Nachricht erinnerte, die der Wassergeist mir übermittelt hatte.

Ein anderes Mal, in Crestone, Colorado, ging ich zum Sonnenaufgang hinaus, um die Sonne heraufzutrommeln: Als ich einen Augenblick erreichte, in dem alle Dinge miteinander verbunden schienen, sah ich einen fliegenden Adler in einer Wolke über einem Berg in der Nähe verschwinden. Ich konnte die Bedeutung dessen nicht ergründen, bis ich später beim Packen für die Abreise entdeckte, dass die Batterie in meinem Lastwagen leer war und mir klar wurde, dass die Nachricht vielleicht gewesen war, dass es an diesem Ort noch viel zu erfahren gab. Als ich meinen Aufenthalt verlängerte, lernte ich in der Tat faszinierende Menschen kennen und traf die Geister des Landes. Ich wusste, dass es an der Zeit war, meinen Laster zu reparieren und zu gehen, als ich ein paar Tage später – wieder als ich die Sonne herauftrommelte – einen anderen Adler sah, der von dem Berg wegflog. Der Berg, so erfuhr ich später, war Mount Alba, der vom Stamm der Navajos verehrt wird.

Dies ist die Art, wie die Geister des Landes sprechen – nicht immer durch eine dramatische Vision, sondern durch Tiere, Einsichten und Bilder, die klare und kraftvolle Nachrichten vermitteln, wenn wir die Geduld und Einsicht haben, sie zu begreifen.

Überblick

Wie man die Geister des Landes trifft:

- Erkenne, dass sie immer um dich herum sind.
- Gehe zu Orten, zu denen du dich hingezogen fühlst.
- Bitte die Geister um Führung und Hilfe.
- Folge deiner Intuition.

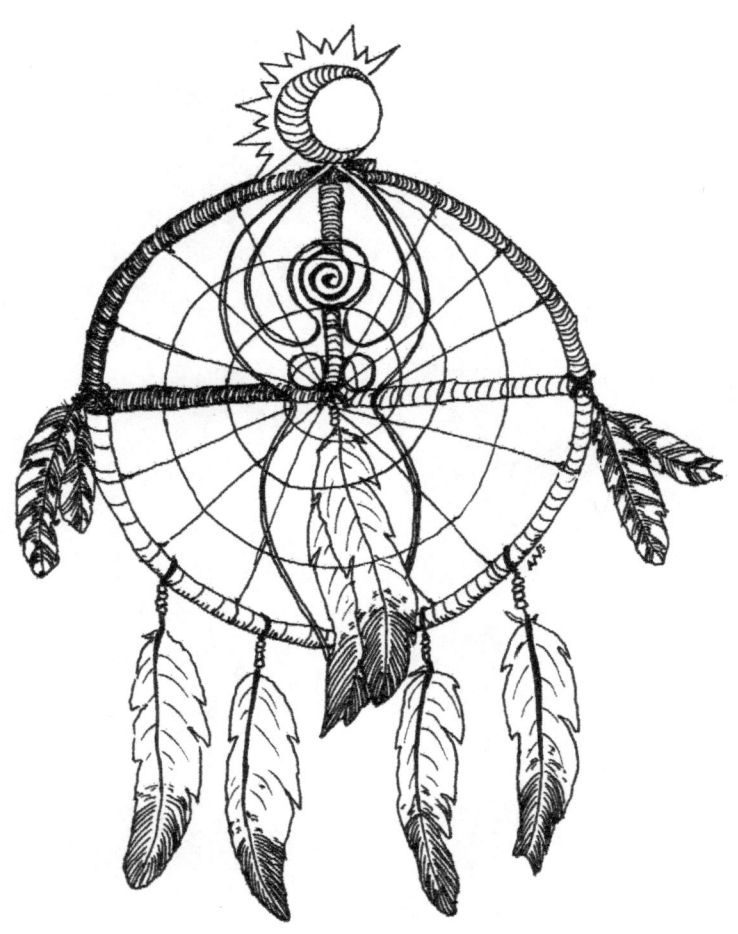

KAPITEL 4

Reinigungszeremonien vollziehen

*In der Natur unendlich Buch der Geheimnisse,
ein wenig kann ich lesen.*
WILLIAM SHAKESPEARE, *ANTONIUS UND KLEOPATRA*

Reinigungszeremonien sind ein nützliches Mittel, um Energien im Hinblick auf ein gesünderes und glücklicheres Leben umzuwandeln. Das Leben oder Arbeiten an Orten mit negativer oder abgestandener Energie hat langfristig einen destruktiven Einfluss auf die Lebensqualität im Allgemeinen sowie auf Kreativität und Produktivität. Obwohl dieser Einfluss in unserer Gesellschaft aufgrund von Informationsmangel bezüglich der Kraft und Formen von Energie oft nicht gut verstanden wird, spielt er doch eine wichtige Rolle im täglichen Leben der Menschen. Daher bringt das Lernen von Techniken zum Klären und Reinigen von Orten und Landgebieten wesentliche Vorteile. Der Gebrauch dieser Werkzeuge kann zu einem inspirierteren und glücklicheren Leben führen.

Innenräume

Jeder Innenraum, der regelmäßig für einen bestimmten Zweck benutzt wird, enthält geordnete Muster von Gedankenformen. Mit dem Ausführen von Freisetzungszeremonien, die diese Energie in Form von Rasseln und Räuchern mit guter Absicht auflösen, ist es möglich, die Energie durch das Anheben ihres Schwingungsniveaus in eine positivere Form umzuwandeln.[1] Um ein optimales Gleichgewicht, Fülle und Kreativität zu erzielen, führe derartige Zeremonien regelmäßig aus, ebenso wie du regelmäßig dein Haus reinigen würdest.

Notwendige Gegenstände für das Klären und Reinigen von Innenräumen

Rassel: Jede Art von Rassel ist geeignet, selbst eine improvisierte aus ein paar kleinen Kristallen in einer Medikamentenflasche, einige Kieselsteine in einem Trinkgefäß aus Plastik oder im Notfall eine Flasche mit Aspirin-Tabletten.

Räucherwerk: Weißer Salbei, der besonders gut für das Räuchern ist, kann in speziellen Buchläden oder auf Powwows (Treffen nordamerikanischer Ureinwohner) gekauft werden, oder du kannst ihn selbst sammeln. Wenn du dich entschließt, einen Räucherzweig zu kaufen, lies das Etikett oder frage nach, ob der Salbei auf eine ehrerbietige Art und Weise gesammelt wurde. Wenn dies nicht der Fall ist, dann suche woanders. Das Land im Westen der Vereinigten Staaten ist des Salbeis und anderer Pflanzen von Leuten beraubt, deren einzige Absicht es ist, Profit zu machen, mit wenig Beachtung für die Heiligkeit der Pflanzen. Wenn Pflanzen ohne Respekt gesammelt werden, dann ist ihre Kraft beeinträchtigt. Zedernholz, Mariengras (Hierochloe odorata) und Weihrauch können ebenfalls verwendet werden, insbesondere wenn sie eingesegnet wurden.[2] Dies kann getan werden, indem du deine Hände über die Pflanzen oder das Räucherwerk hältst, eine reine Absicht beschwörst und dabei die Substanzen dazu ermächtigst, jedwede anwesenden Giftstoffe umzuwandeln.

Hinweis: Manche Länder haben Feuer-Beschränkungen, die sogar für das Anzünden eines Streichholzes gelten. Wenn aus irgendeinem Grund kein Rauch an dem zu reinigenden Ort erlaubt ist, können Energien statt durch Räucherwerk auch durch den Gebrauch eines handflächengroßen Quarzkristalls umgewandelt werden. Um einen Kristall zu „programmieren", nimm ihn in deine linke Hand und erkläre deine Absicht, alle negative Energie umzuwandeln. Während du diesen Gedanken in deinem Geist und Herzen hältst, wird seine Energie dahin gehen, wohin auch immer der Kristall gerichtet ist. Es ist hilfreich, einen Kristall zu haben, der einen Strahl von etwa anderthalb Meter Breite aus einer Entfernung von etwa drei Metern oder weniger senden kann. Frage den Kristall, ob er diese Kapazität hat, und er wird dir durch Gefühle in deiner Hand antworten, die schnell warm werden kann, prickeln oder sich angenehm anfühlen mag.

Ablauf

Für das Klären und Reinigen der meisten Innenräume kann Rasseln und Räuchern allein ausreichen. Zunächst zünde den Räucherzweig an und dann beginne mit einer Hand zu rasseln, während du den Räucherzweig so bewegst, dass der Rauch den gesamten Bereich vor dir abdeckt. Beginne bei der Eingangstür, mit der Absicht, alle Energie vor dir zu halten, während du einen Kreis im Uhrzeigersinn durch das gesamte Gebäude beschreibst und dorthin zurückkehrst, wo du angefangen hast.

Während du rasselst und räucherst, arbeite so aufmerksam mit der Energie, als ob du einen Raum voller Staub sorgfältig fegst; konzentriere dich auf Wände, Decke, Boden, Spalten, den Raum hinter Türen und unter Tischen und stelle sicher, dass kein Bereich deiner Aufmerksamkeit entgeht. Rassele besonders kraftvoll an abseits gelegenen Orten, um stärker abgestandene und negative Energien, die sich dort festgesetzt haben, zu entfernen. Singe ein Kraftlied, wenn du eines kennst; wenn nicht, summe oder singe, was auch immer an heilenden, freudigen Tönen dir deine Geistführer, Geisthelfer oder deine Intuition eingeben mögen, um deine Konzentration so lange aufrechtzuerhalten, bis alte Energie zerstreut wird. Manchmal fühlst du dich vielleicht so, als wärst du in der Mitte eines Wirbelwindes von Energie, die um dich herum aktiviert und verwandelt wird. Vielleicht siehst du auch Energie wie zerbrechendes Glas in Stücke brechen oder manchmal in schlammähnlichen Klümpchen aufsteigen.

Wenn eine Ablenkung eintritt, kann es geschehen, dass sich vertriebene Energie an dir festsetzt. In diesem Falle ist es wichtig, geerdet, zentriert und abgeschirmt zu bleiben und deine Geistführer um Schutz zu bitten. Setze dich über Gefühle von Selbstzweifel hinweg und denke daran, dass die Liebe des Schöpfers bedingungslos ist und zur Verfügung steht, um dir beim gemeinsamen Erreichen des bestmöglichen Resultates durch deine Bemühungen zu helfen. Dies schließt die Freisetzung von jeglicher Energie ein, die sich festgesetzt hat. Dann richte deine Konzentration wieder auf die Aufgabe und nimm das Rasseln und Räuchern dort auf, wo du aufgehörst hast.

Wenn du fertig bist, danke dem Schöpfer für die Rückführung aller falsch gelagerten Energie an ihren Bestimmungsort. Zum Schluss danke dem Schöpfer für das Umwandeln der verbleibenden Energie in Liebe, Licht und kreative Kräfte.

Kristalle, Zauberstäbe, Federn und Wasser

Beim Reinigen von Orten kann es Gelegenheiten geben, andere Werkzeuge, wie Kristalle, Zauberstäbe, Federn oder Wasser, zu benutzen. Verschiedene Kristalle arbeiten in charakteristischer Weise, um Energie umzuwandeln. Kristalle können an Orten verstreut werden, um die Schwingungsfrequenz der Energie zu steigern, oder sie können an hartnäckigen Plätzen für die spätere Versorgung aus der Ferne hinterlegt werden. Laserkristalle können verwendet werden, um die Absicht jeder Zeremonie zu verstärken und sind besonders effektiv beim Verstärken von Grenzen, wenn Landschaftsteile gereinigt werden. Ein Laserkristall ist ein natürlich vorkommender Quarzkristall, der in eine flache, spitz zulaufende Form gewachsen ist und die Fähigkeit besitzt, Energie in einen stark konzentrierten Strahl zu senden. Aufgrund des piezoelektrischen Effekts haben alle Kristalle die Fähigkeit, auf sie projizierte Energie zu bündeln und zu steigern. Da Laserkristalle Absichten verstärken, müssen sie mit Vorsicht verwendet werden.

Ein Zauberstab ist ein Werkzeug, das Energie sowohl sendet als auch empfängt und Energien auch über Entfernungen auflöst, die eine Rassel nicht erreichen kann. Es kann ein einfaches Objekt aus Knochen oder Holz, oder sogar ein Zweig sein. Knochen oder Geweihstangen eignen sich für gute Zauberstäbe und haben den zusätzlichen Vorteil, dass sie den Geist des Tieres anrufen, zu dem sie gehörten. Hirschgeister beispielsweise helfen und heilen in der Regel, Elchgeister besitzen Qualitäten von Unempfindlichkeit und Hartnäckigkeit, und Büffelgeister verfügen über eine Energie von Fülle und Selbstgenügsamkeit. Ein Zauberstab kann auch verziert sein, mit befestigten Federn, Perlen und vielleicht einem Kristall, der in eine geschnitzte Auskehlung an der Spitze eingebunden ist. Ein sehr großer Zauberstab kann außerordentlich verziert sein, wie die großen Stäbe, die von vielen Schamanen getragen werden. Sie bringen Federn, Fell und heilige Objekte an ihnen an.

Eine Feder stellt ein vielseitiges Werkzeug dar, da es wie ein Zauberstab dazu benutzt werden kann, Energie in eine Richtung zu bündeln. Man kann mit ihr wedeln, um Energie wie mit einer

Rassel aufzulösen; sie kann als Antenne benutzt werden, um Führung zu empfangen, oder als Leitung verwendet werden, um Gebete zu übermitteln. Eine Feder kann anstelle von Räuchern und Rasseln dazu benutzt werden, einen Ort zu klären. Es verlangt allerdings Übung, dabei das Ziel im Blick zu behalten.

Wasser, ein anderes Werkzeug, ist ein exzellentes Reinigungsmittel. Seit Jahrhunderten haben Medizinmänner Plätze in Behausungen dadurch gereinigt, dass sie Mariengras in Wasser eingetaucht haben und das Wasser dann über die Orte gesprüht haben. Wenn du Wasser zum Reinigen verwendest, dann segne es zunächst, indem du deine flachen Hände über das Wassergefäß hältst, während du dem Schöpfer dafür dankst, dass er das Wasser mit heilender Liebe und Licht erfüllt. Energie aus den Handflächen-Chakras in deinen Händen in Verbindung mit der Kraft der andächtigen Absicht kann tatsächlich die Molekularstruktur des Wassers verändern und es damit zu einem wirksameren Reinigungsmittel, insbesondere für das Besprenkeln von Problemstellen, machen. Wasser, ein Zeichen der lebensspendenden Fülle, stellt auch eine wunderbare Opfergabe für die Geister des Landes dar.

Klangschwingung

Das Erhöhen des Schwingungsniveaus durch Klang steigert die positive Energie eines Ortes. Die durch Rasseln verursachte Schwingung löst Energie auf, aber Schallschwingungen sind auch auf andere Art und Weise kraftvoll. Wenn man beispielsweise sakrale Musik von einem hohen Schwingungsniveau spielt, so wird dies einen Ort mit positiver Energie durchfluten. Die Gesänge von tibetischen Mönchen haben tiefe Töne, die aber dennoch ein hohes Schwingungsniveau besitzen.[3]

Ein anderer hervorragender Weg, um das Schwingungsniveau eines Ortes zu erhöhen, ist Trommeln. Es kann Energien verwandeln, die Fähigkeit zum Wahrnehmen feinstofflicher Wirklichkeit fördern und Heilungen über weite Entfernungen hervorrufen.[4] Wenn keine Trommel vorhanden ist, könnte ein Mensch singen und chanten, um Verbindung zur Energie aufzunehmen und sie umzuwandeln. Das Chanten kann religiöse Mantras, geheiligte Worte, Gebete oder andere Verse beinhalten, die eine heilige Bedeutung für den Einzelnen haben.

Das kraftvollste Mittel, um die Stimme zum Aktivieren von Energie zu verwenden, ist durch ein *Lied des Herzens*, das die einzigartigen positiven Energien, Charakterzüge und Absichten einer Person ausdrückt. Eingeborene Völker haben diese Form der Klangschwingung seit Jahrtausenden verwendet; sie haben ihre Kraftlieder gewöhnlich durch Fasten und Gebet entdeckt. Wenn du dein Kraftlied gefunden hast, benutze es zur Durchflutung eines Platzes mit den Energien in dir, die dahin geleitet werden, diese Arbeit zu tun. Wenn du dein Kraftlied noch nicht entdeckt hast, überlege stattdessen Hymnen oder Gebetslieder zu singen oder freudige Melodien aus deinem Herzen, die ganz natürlich aufsteigen, wenn du diese Arbeit verrichtest.

Große Gebäude

Während Rasseln und Räuchern ausreichen, um die meisten Wohnungen, Wohnhäusern und Firmengebäude effektiv von anwesenden Energien zu reinigen, so benötigen große Komplexe weitere Anstrengungen. Die folgende Methode wird zunächst die Merkaba des Gebäudes aktivieren oder beschleunigen und sie dann mit dem Christus-Bewusstseins-Netz verbinden. Es gibt zwei Gründe für das Verbinden des Lichtkörpers des Gebäudes mit der Energieschicht über der Erde: Der Menschheit im derzeitigen Wandel der Zeitalter beizustehen und zu helfen, diesen Wandel im Einklang mit den Differentialgleichungen von Edward Lorenz, dem Entdecker des inzwischen berühmten „Schmetterlingseffekts", zu beschleunigen. Der Ablauf beginnt mit der Erkenntnis, dass jede Struktur einen Kraftpunkt hat, von dem Energie ausstrahlt, und der oft als das „Herz" des Ortes betrachtet wird. Es ist ebenso wichtig zu verstehen, dass jede Struktur einen Lichtkörper besitzt, der sich aus gegeneinander rotierenden Energiespiralen zusammensetzt. Wenn diese sich schnell in einem bestimmten Verhältnis drehen, stoßen sie automatisch die meiste negative Energie ab, aber wenn sie sich langsam drehen, ziehen sie stehende Energie und Wesen der niedrigen Ebenen an.[5] Um diese Energie dazu zu bringen, sich mit optimaler Geschwindigkeit zu drehen, solltest du vom Kraftpunkt des Gebäudes aus arbeiten, ebenso wie du von deinem Herzen aus agierst, um Veränderungen in deinem Körper zu bewirken.

Arbeitsschritte

Wenn du ein großes Bauwerk säubern willst, finde mit Hilfe deiner Sinneseindrücke und Intuition zunächst den Kraftpunkt. Wenn du an einem Kraftpunkt stehst, fühlt es sich einfach richtig an. Vielleicht hörst du ein Brummen oder Summen, erlebst stärkere Energie in deinem Herzen oder in deiner Magengrube oder hast das Gefühl, dass deine Füße plötzlich wie am Boden festgewachsen sind oder du bergab gehst. Wenn der Kraftpunkt in eine Wand oder ein Objekt eingebettet ist, bemerkst du vielleicht einen feinen Luftzug, der aus der Gegend kommt, oder erlebst ein Gefühl, als ob du ein kaltes Gebäude betrittst und eine plötzliche Wallung von Wärme von einer ausstrahlenden Heizung spürst.

Nachdem du den Kraftpunkt entdeckt hast, setze dich mit gekreuzten Beinen darauf oder in seine Nähe und nimm dir einen Augenblick Zeit, um dich zu erden und zu zentrieren. Dann bete zu deinen Geistführern, Engeln und Krafttieren, die Energie des Gebäudes auf Maximalgeschwindigkeit zu beschleunigen. Ob Trommeln, das Anwenden einer Atemtechnik, Meditieren, Singen, Chanten oder Musikhören – benutze die für dich notwendige Methode, um den Ruhepunkt zu erreichen. Wenn du dies über den Atem tust, atme langsam vom Becken her ein und erlaube den Lungen, sich auszudehnen. Fühle, wie die Energie des Ortes dich erdet, zentriert und heilt. Halte deinen Atem für ein paar Sekunden an, dann atme langsam aus und leere dabei vollständig die Lungen und den Geist. Wenn du spürst, dass sich die Merkaba-Energie zu beschleunigen beginnt, löse dich davon. Sei auch bereit, dich jederzeit zu lösen, wenn du merkst, dass deine eigene Energie geschwächt wird. Ziel ist es, zehn Prozent deiner persönlichen Energie zu geben und deine Geistführer, Engel und Krafttiere den Rest erledigen zu lassen. Im Vergleich zu Landschaftsteilen erfordert es generell mehr persönliche Energie, wenn man von Menschen erstellte Strukturen mit dem Christus-Bewusstseins-Netz verbindet.

Sobald der Lichtkörper des Gebäudes mit der Kraft seiner eigenen Lebensenergie funktioniert, bitte deine Geistführer und Engel, die Verbindung zwischen der gereinigten Struktur und dem Christus-Bewusstseins-Netz „festzuschreiben". Als Nächstes stelle dir vor, wie die Energien des Kraftpunktes eine Verknüpfung mit dem Netz aufbauen und schließlich eine Umwandlung erfahren.

Hartnäckige Punkte

Beim Klären von Strukturen ist es möglich, dass bestimmte Punkte Schwierigkeiten bereiten und neben Hartnäckigkeit zusätzliche Techniken vonnöten sind. Wenn Energie in Wänden oder Objekten eingeschlossen ist, wirf ein paar kleine Kristalle an die Stelle und kehre später dorthin zurück, wissend, dass dies mehr Aufmerksamkeit benötigt. Von Zeit zu Zeit besuche diesen Ort wieder und trommele, rassele oder spiele sakrale Musik, bis schließlich höhere Energieschwingungen die Energien entfernen oder verwandeln. Ein anderes Problem kommt auf, wenn ein unter einem Haus fließender unterirdischer Bach dafür sorgt, dass Energien der Umgebung unter das Haus treiben und dort steckenbleiben. Sobald du intuitiv erkennst, dass eine solche Situation existiert, überlege dir, die Energie mit Klangschwingungen aufzubrechen und die Gegend regelmäßig damit aufzufrischen, um ein Steckenbleiben der Energie an dieser Stelle zu verhindern. Verwende eine Hochfrequenzschwingung, wie etwa sakrale Musik, um die blockierte Energie aufzubrechen, so dass sie frei fließen kann. Du könntest beispielsweise einen tragbaren CD-Spieler oder den Lautsprecher einer Musikanlage in die Nähe des Gebietes stellen und sakrale Musik spielen. Es muss nicht laut sein; denn es ist die Frequenz, die benötigt wird, um das Gebiet zu klären oder zumindest gewohnheitsmäßig zu reinigen. Alternativ dazu kann ein Laserkristall oder ein Zauberstab verwendet werden, um die steckengebliebene Energie zu zerstreuen und den Fluss wiederherzustellen. Die gleichen Techniken können sich in Teilen großer Gebäude als nützlich erweisen, die zum Aufbewahren der von außen hereingebrachten Energie verwendet werden, wie Giftmüllbereiche und Blutbanken.

Wenn ein Ort zum Beispiel aufgrund von Gewalt oder anderer negativer Aktivität über eine große Menge eingeschlossener Energie verfügt, dann kann das folgende Ritual helfen, diese abzubauen. Stelle zwei Gebetsstöcke aus Zweigen eines Baumes oder aus geschnitzten Holzstücken her, jeder zumindest dreißig Zentimeter lang. Bete über den Stöcken, während du jeden mit Wolle, Bändern oder Tuchstreifen umwickelst und dabei die Enden frei herunterhängen lässt. Bitte den Schöpfer, diese Stöcke zum Heilen zu verwenden.

Dann bestreue das umgebende Grundstück mit Maismehl oder Tabak und schaffe einen Kreis, der groß genug ist, um darin zu sitzen. Lege den fest umwundenen Stock auf den Boden und bitte dabei den Schöpfer, alle negative Energie in diesen Stock zu ziehen. Pflanze den anderen Stock nahe dem Rand des Kreises in den Boden und lasse Wolle, Bänder oder Tuchstreifen frei in der Luft wehen. Als Nächstes nimm den ersten Stock, brich ihn in zwei Stücke und lege sie in den Mittelpunkt des Kreises. Bitte den Schöpfer, die Bindung von Negativität an diesen Ort zu lösen und den Wind die Negativität in heilende Liebe und Licht verwandeln zu lassen.

Dies ist ein uralter Brauch, der mit Variationen in verschiedenen Kulturen ausgeführt wird. Er beinhaltet immer zwei Merkmale: Ein Stock wird gesegnet, um die negative Energie zu sammeln, und wird dann gebrochen, so dass sie erlöst wird. Der Wind, als physische Manifestation des Schöpferwillens, wird benutzt, um die Energie umzuwandeln.

Wartung

Sobald der Lichtkörper eines Gebäudes mit dem Christus-Bewusstseins-Netz verbunden ist, gibt es nur wenig, was getan werden muss. Du musst dich nur regelmäßig versichern, dass sich der Lichtkörper so dreht, wie er sollte. Dies kannst du tun, indem du hier und dort ein paar kleine Kristalle in der Struktur hinterlässt. Da Kristalle jede auf sie projizierte Energie channeln, kannst du die Wartung aus der Ferne ausführen, indem du die zurückgelassenen Kristalle visualisierst und dann die Absicht auf sie projizierst, die Energie eines bestimmten Platzes in dem Gebäude mit der durch deine Geistführer, Engel und den Schöpfer bereitgestellten Energie zu steigern.

AUSSENRÄUME

Kleine Landstriche

Die Vorgehensweise für das Reinigen kleiner Landstriche von zwei Morgen (ca. 8000 m²) oder weniger ist so ziemlich die gleiche wie für das Reinigen eines Gebäudes, mit der Ausnahme, dass die Grenzen des Gebietes geschaffen werden müssen, da es keine Wände gibt. Um eine Grenze für ein kleines Landstück zu schaffen, ziehe in deinem Geist eine Umfassung um das Land, während du es begehst und es dir dabei als heiligen Raum vorstellst. Gehe im Uhrzeigersinn, um Energie zu bewahren, und gegen den Uhrzeigersinn, um sie aufzulösen oder auszudehnen. Dabei kannst du rasseln, wenn es sich richtig anfühlt, eine Feder als Zauberstab für das Definieren der Grenze verwenden oder Tabakprisen verstreuen, um den Platz abzugrenzen. Zusätzlich kannst du vom Herzen her ein Lied als Ausdruck der Dankbarkeit an den Schöpfer singen; der Sinn dessen ist es, sich durch das Äußern heiliger Töne mit dem Schöpfer zu identifizieren und damit als Mitschöpfer daran zu wirken, den Platz zu einem heiligen Ort zu machen. Hierfür bitte darum, dass der Ort vor allem Schaden geschützt wird und alle dort lebenden Wesen gesegnet und als heilig angesehen werden.

Wenn das Land geklärt wird, sollte die Grenze durchlässig sein, damit Segnungen wie der Atem hinein- und hinausfließen können. Wenn allerdings Schutz gewünscht wird, dann kann ein

113

Laserkristall benutzt werden, um eine dichtere Grenze zu schaffen, die Menschen physisch oder emotional abwehren wird. Eine mit starker Absicht gesetzte Umfassung dieser Art wird zu einem mächtigen Zaun. Da es schwierig ist, sie aufrechtzuerhalten, sollte sie allerdings nur mit einem guten Grund erstellt werden.

Sobald die Grenze gesetzt ist, „lies" die Merkmale des Landes, um zu sehen, welche Bereiche besondere Aufmerksamkeit benötigen. Rasseln, Trommeln oder Beten kann an diesen Plätzen eingesetzt werden, um die Energien hervorzuheben oder zu zerstreuen. Um die Aufmerksamkeit lokaler Geister anzuziehen, kann man zusätzlich Kristalle an diesen Orten platzieren, auch können geweihte Stoffteile an Gebetsstöcke gebunden und im Wind flattern gelassen werden, wodurch sie Gebete freisetzen und als Geschenke an die Geister des Landes dienen. Den Wind nutzende Gebetsstöcke reflektieren die Macht von *skan,* das Lakota-Wort für die heilige Kraft der Bewegung, die vor dem Schöpfer existierte und in vielen Kulturen anerkannt ist, beispielsweise in Tibet, wo gesagt wird, dass Gebetsfahnen Gebete manifestieren.

Um den abgegrenzten Platz mit dem Christus-Bewusstseins-Netz zu verbinden, folge einfach dem für große Gebäude skizzierten Verfahren. Die gezogene Grenze definiert den Lichtkörper, der mit dem höchsten spirituellen Potenzial der Erde verbunden wird und dadurch das festgelegte Land als ein heiliges Gebiet für Heilung, Wachstum und Gleichgewicht kennzeichnet.

Große Landgebiete

Um das Reinigen großer Landgebiete einzuleiten, empfiehlt es sich, den Geistern des Landes zunächst durch Meditation, Trommeln, Singen, Rasseln oder Tanzen zu begegnen. Sobald eine Beziehung aufgebaut ist, werden die Geister gern helfen. Es ist möglich, Land auch aus der Entfernung zu reinigen, was bei einem großen Gebiet notwendig sein kann, doch ein solcher Ansatz würde der Freude der vertraulichen Kommunikation mit den Geistern keinen Raum geben.

Wenn du stattdessen im einem großen Landgebiet vor Ort arbeitest, dann folge den Schritten für das Reinigen kleinerer Gebiete so gut du kannst: Setze die Grenze, segne bestimmte Orte und verbinde die verwandelte Energie mit dem Netz des Christus-Bewusstseins. Wenn das Gebiet sehr groß ist, durchquere es in einem Fahrzeug. Dabei nähere dich ihm aus jeder Richtung auf eine ehrerbietige Art und Weise, bewege dich im Uhrzeigersinn und halte an verschiedenen Orten an, um zu trommeln, ein Kraftlied zu singen, zu beten und die vorhandenen Energien je nach Bedarf zu segnen oder freizusetzen. Schließlich setze dich auf den Kraftpunkt und verbinde den Lichtkörper des Landes, wie er durch die Grenze definiert wird, mit dem Christus-Bewusstseins-Netz.

Für feinere Arbeit ist es außerdem hilfreich, sich eine Energiekarte der belasteten Orte zu machen, während du sie intuitiv erfasst, und so ein Protokoll der Gebiete zu erstellen, die weitere Aufmerksamkeit benötigen. Zum Beispiel gibt es vielleicht eine

Landecke, die Elementarwesen beherbergt oder Portale in andere Dimensionen enthält. In solchen Fällen würdest du deine Geistführer um Rat dazu fragen, wie du weiter vorgehen sollst.

Nachdem all dies getan ist, hinterlasse Kristalle (bzw. bedecke sie leicht mit Erde) an den Stellen, die sich für eine zukünftige Wartung „richtig anfühlen", falls du dich mit dem Land aus der Ferne verbinden willst. Da du dem Land Energie gegeben und Energie von ihm bezogen hast, ist es wahrscheinlich, dass deine Verbindung mit dem Land Bestand hat. So, wie du geholfen hast, das Schwingungsniveau des Landes zu heben, kann das Land als eine Energiebank funktionieren, von der du gegebenenfalls in der Zukunft Energie abziehen kannst.

Obwohl du Grenzen markieren musst, ist es in der Regel einfacher, mit Landgebieten als mit Bauwerken zu arbeiten, weil von Menschenhand erstellte Strukturen ein durch Absicht gesetztes zusammenhängendes Energiemuster besitzen, das sich anderen Formen von Energie in der Tat widersetzt. Das Land hingegen ist eine Quelle unglaublicher Macht, welche die gesamte Kraft der Erde hinter sich hat, und da das Christus-Bewusstseins-Netz schon Teil des ganzheitlichen Systems der Erde ist, ist es nicht schwierig, einen Teil der Erde mit sich selbst zu verbinden. Es erfordert nur die Absicht.

Notwendige Gegenstande für das Räumen und Reinigen von Plätzen

Rassel, Kristalle oder Zauberstab: Sie werden benutzt, um die Absicht für das Schaffen einer Begrenzung zu setzen.

Tabak oder Maismehl (freigestellt): Es wird benutzt, um eine Begrenzung zu markieren und einen Ort zu weihen.

Kleine Kristalle (freigestellt): Sie werden verstreut, um die Energie zu zentrieren.

Trommel (freigestellt): Sie wird verwendet, um eine Schwingung zu verstärken, insbesondere während man einen Ort mit dem Christus-Bewusstseins-Netz verbindet.

Vorgehensweise

Die Geister des Landes treffen. Jeder Teil des Landes wird von Geistern bewohnt. Öffne dein Herz, um sie zu begrüßen, und bitte sie um Hilfe.

Eine Grenze ziehen. Begehe das Land kreisförmig, zuerst von Osten nach Süden, dann nach Westen und dann zurück nach Osten, um eine Abgrenzung zu schaffen und die Merkmale festzustellen. Die Grenze kann mit Tabak, Maismehl oder nur mit der durch Zauberstab, Rassel oder Kristall verstärkten Absicht gezogen werden.

Dein Kraftlied singen. Wenn du ein Kraftlied hast, singe es,

117

während du arbeitest; wenn nicht, verleihe dem Stimme, was als Ton der Heilung und Freude hochkommt. Fahre fort zu singen und das Land zu begehen, bis du dorthin zurückkehrst, wo du begonnen hast.

Am Kraftplatz sitzen. Hier, wo alle Energien des umgrenzten Landes zentriert sind, kannst du das Land mit dem Christus-Bewusstseins-Netz verbinden, indem du seine Schwingungsfrequenz durch Trommeln oder durch die Absicht erhöhst.

Schlummernde Erdenergien befreien

Nach dem Reinigungsverfahren sollte das Land auf einer hohen Schwingungsfrequenz mitschwingen. Dies wird nicht nur Blumen, Getreide und die freie Tier- und Pflanzenwelt dazu veranlassen, in noch mehr Fülle zu gedeihen, es kann auch schlummernde, für einige Zeit nicht aktiv gewesene Erdenergien aufwecken.

Das Potenzial für die Manifestation von Wundern einfach anzuerkennen, steigert die Möglichkeit, dass sie erscheinen. Die Erde und ihre Geister haben ihre eigene Energie und durchleben gewaltige Prozesse, die durch die Kraft der menschlichen Absicht aktiviert werden können. Wenn wir selbst erwachen, beleben wir alles, was um uns herum ist – die Vögel, die Tiere, die Bäume und die Erdgeister – und schaffen dadurch das Potenzial für verstärkten Segen und erhöhte Energien.

Wir sind alle in einem miteinander verwobenen Netz des Lebens verknüpft, und wenn wir die Göttlichkeit des Landes erwecken, setzen wir Energie frei, die sich positiv auf die Welt auswirkt. Dies geschieht, weil unsere Welt ein Hologramm ist, also jeder Punkt des Ganzen das Ganze als Mikrokosmos enthält. Wenn wir an einem Ort arbeiten, arbeiten wir tatsächlich an allen Orten. Wenn wir im Geist über uns hinausgehen und die höchsten Energien des Universums widerspiegeln, sind wir das Universum, während wir zum Universum sprechen.

Wenn wir schlummernde Energien des Landes aufwecken, erwecken wir folglich unser eigenes höchstes Potenzial und das höchste Potenzial, das natürlich auf der Erde existiert. Als solches setzen wir einen Kreislauf der Verbesserung in Bewegung – stärkende Energien, die immer wieder positive Auswirkungen in die Zukunft hinein haben, in einer zunehmenden Spirale des Aufstiegs. Zeremonien funktionieren auf diese Weise und bringen dadurch alles Leben zum Aufblühen, insbesondere wenn wir klein (siehe Übung 5) und auf eine ehrerbietige Art (siehe Übung 6) beginnen. Wenn wir unser Bestes geben, erhalten wir im Gegenzug das Beste, das von allem gegeben wird. Dies ist der Weg des Herzens, der Weg des Lebens und der Weg des Schöpfers, der uns und unsere Welt segnet.

Übung 5: Klein beginnen und sich steigern

Wenn man mit der Praxis des Reinigens von Gebäuden oder von Land beginnt, ist es am besten, klein anzufangen. Wenn du eine bescheidene Wohnung oder einen Hof hast, konzentriere dich vielleicht anfangs auf diesen Ort. Wenn du eher ein großes Gebäude oder Landgebiet reinigen willst, überlege dir, zunächst im kleinen Rahmen – vielleicht in einem Garten – zu üben.

Folge den Anweisungen in diesem Kapitel, indem du eine Begrenzung um diesen Platz beschreibst, um Führung bittest, den Ruhepunkt findest, dich erdest, zentrierst und schützt. Dann sprich Gebete und fahre fort zu rasseln und zu räuchern, während du den Platz im Uhrzeigersinn umkreist. Sei dir bewusst, dass insbesondere an Orten mit vielen Blumen und Bäumen wahrscheinlich Naturgeister anwesend sind, welche die Energie annehmen und steigern. Wenn du fertig bist, schließe die Zeremonie, indem du dich bedankst.

Du stellst vielleicht bald fest, dass der Ort eine neue Lebendigkeit ausstrahlt. Die Farben der Blumen und Bäume werden leuchtender erscheinen, die Luft reiner und die Pflanzen gesünder. Um die erhöhte Energieschwingung zu halten, kehre von Zeit zu Zeit an den Ort zurück und wiederhole die Zeremonie.

Übung 6: Zeremonielle Objekte auf ehrerbietige Weise sammeln

Ein wichtiger Aspekt des erfolgreichen Befreiens von Plätzen ist es, zu lernen, zeremonielle Objekte auf ehrfürchtige Weise zu sammeln. Pflanzen, Kristallen und anderen für Energiearbeit verwendeten Objekten sollte man sich respektvoll nähern und um ihre Hilfe in Zeremonien bitten. Wenn du beispielsweise eine

Pflanze wie Salbei oder Zeder sammelst, dann frage zunächst die Pflanze, ob du sie für das Klären oder Reinigen verwenden darfst. Dann lausche auf eine Antwort, die man meistens als ein Gefühl von „ja" oder „nein" erfährt. Wenn du feststellst, dass die Erlaubnis gewährt wird, nimm eine kleine Menge von der Pflanze und hinterlasse etwas im Gegenzug – vielleicht eine Prise Tabak oder Mais. Damit zeigst du Respekt, weil du für den Wert, der genommen wird, etwas von Wert gibst.

Wenn eine große Menge von pflanzlichem Material benötigt wird, schade nicht einer Pflanze, indem du zu viel nimmst. Nimm lieber ein wenig von ihr und frage dann, ob es eine andere Pflanze gibt, die zu einer positiven Aktivität zum Wohle aller beitragen möchte. Eine oder mehrere Pflanzen mögen zustimmend antworten, wenn mit Aufrichtigkeit und Respekt gefragt wird. Diese Art des Um-Hilfe-Bittens gilt auch für Kristalle und andere Objekte, die für Energiearbeit verwendet werden. Wenn wir die Auffassung vertreten, dass alle Wesen verbunden sind, streben wir danach, im Gleichgewicht und in Harmonie zu leben, wobei jedes Begabungen zu offerieren hat und jedes für seine/ihre Einzigartigkeit respektiert wird.

Wenn du ein zeremonielles Objekt zum Kaufen aussuchst – wie etwa Räucherwerk, eine Rassel, Trommel, Zauberstab, Feder oder einen Kristall – dann stelle sicher, dass seine Energie positiv ist. Halte den Gegenstand in deiner Hand, schließe die Augen und achte darauf, was hochkommt. Wenn er gute Gefühle hervorruft, vielleicht sogar eine Vision davon, wie er benutzt werden soll, dann ist seine Energie wahrscheinlich positiv. Wenn er sich tot und leblos anfühlt, kalt anzufassen oder schwer ist, schaue woanders nach einem geeigneten Objekt. Obwohl es häufig möglich ist, die Schwingungsfrequenz eines solchen Gegenstandes zu steigern, ist es selten die Zeit und den Aufwand wert.

Aus dem Energie-Notizbuch: Eine vielschichtige Reinigung

Die meisten Orte benötigen nur einen Durchlauf oder einen Rundgang um das Gebiet, aber für manche ist eine vielschichtigere Energiearbeit erforderlich, wie beispielsweise beim Umgang mit hartnäckigen Energiepunkten, Portalen oder Wesen. Ich wurde zum Beispiel einmal gebeten, ein über einhundert Jahre altes Gebäude zu reinigen; dieses stand neben der historischen Stätte einer Tragödie, in der viele Menschen gestorben waren. Das Bauwerk bedeckte einen ganzen Stadtblock und hatte vier Stockwerke, die mit Geschäften verschiedener Art belegt waren, darunter solche, die Antiquitäten, Bücher und Kleidung verkauften.

Die Besitzer wussten, dass es Geister an diesem Ort gab, weil sie „dumpfe Schläge in der Nacht" gehört hatten, die sie nicht weiter störten. Aber sie waren an besseren Geschäften und deshalb auch an einer allgemein positiveren Energie interessiert, und bislang brachte keine Renovierung, die sie unternommen hatten, eine Besserung. Das Gebäude sah von außen normal aus; erst als ich in meinen Ruhepunkt ging, meine Geistführer und Engel um Hilfe bat und begann, durch das gesamte Gebäude zu rasseln und zu räuchern, wurden die ganzen Beschwerden deutlich. Das Problem war nicht nur abgestandene Energie oder eine träge Merkaba, sondern es ging um die gesamte Palette: Alte, verkrustete Energie, Geistfragmente, eingeschlossene Geister, alle möglichen anderen Wesen und Portale. Es war deutlich, dass dies keine Aktion im Sinne eines einmaligen „Durchfegens" werden würde.

Beim ersten Durchgang hatte ich den Ort durch Rasseln und Räuchern geklärt und kleine Kristalle an die Problemstellen mit eingeschlossener Energie geworfen, zu denen ich zurückzukehren beabsichtigte. Auf dem Wege entdeckte ich verschiedene verlorene Seelen und Geistfragmente. Die gefangenen Seelen erschienen entweder als schlafende Körper auf dem Boden oder sie standen benommen herum, während die Geistfragmente wie dahineilende Schatten aussahen. Zwei Wesen, die ich nur durch ihre Größe und Aura identifizieren konnte, bewachten ein Portal und beobachteten mich auf distanzierte Art und Weise. Das Portal erschien als ein starker Energiewirbel in der obersten Etage des Gebäudes, wo die Besitzer im Begriff standen, ein Museum zu entwerfen, das Relikte der Tragödie von nebenan beherbergen sollte.

Wenn ich einen Ort kläre, dann versetzt mich das Rasseln und Räuchern sozusagen in einen schamanischen Zustand, der mich befähigt, „zwischen den Welten" zu wandern und Wesen verschiedener Dimensionen vor die normale dreidimensionale materielle Wirklichkeit geblendet zu sehen. Mein wichtigster Wahrnehmungsweg ist der visuelle, aber manchmal höre oder fühle ich stattdessen Dinge. Wenn Wesen dort anwesend sind, wo du arbeitest und du noch kein „zweites Gesicht" entwickelt hast, kannst du sie dennoch spüren; oft dadurch, dass du etwas „vorbeistreifen" fühlst eine Kühle im Raum bemerkst, dich beobachtet fühlst, oder Gegenstände erscheinen und verschwinden beziehungsweise wie von einer äußeren Kraft bewegt werden.

Beim zweiten Durchgang ging ich zu den Bereichen zurück, an denen sich gefangene Seelen befanden und trommelte für sie, womit ich ein Psychopomp (ein Ritual, um verlorene Seelen ins Nachleben zu leiten) aufführte, um sie zum Licht zu drängen. Manche wollten nicht gehen, weshalb ich sie als Seelen anerkannte, da die Besitzer des Gebäudes gesagt hatten, dass harmlose Geister nicht unbedingt gehen müssten.

Als Nächstes verwickelte ich die beiden Wärter des Portals in ein Gespräch, um ihre Funktion zu bestimmen. Sie erschienen als große außerirdische oder interdimensionale Wesen, die aus übereinander gelagerten Energieringen bestanden. Ich musste nicht sprechen, denn sie lasen meine Gedanken, die ich auf sie projizierte.

Ich fragte still: „Warum seid ihr hier?" Sie antworteten, dass sie beobachteten.

Ich fragte, ob das Portal ihres sei. Sie schauten verwundert und antworteten dann, dass das Portal einfach „sei" und sie es bewachten, damit keine negativen Wesen eintreten würden. Sie erlaubten den Durchgang nur denen, die dort gestorben waren und eine Verbindung zu dem Platz bewahrt hatten. Mein Empfinden war, dass manche Geister des Landes das Portal benutzten, um interdimensional zu reisen.

Ich fragte mein Krafttier, ob diese Wesen in Ordnung seien oder ob sie entfernt werden sollten, woraufhin ich erfuhr, dass sie keinen Schaden anrichteten. (Hätten sie Schaden angerichtet, so hätte ich sofort mein Krafttier gebeten, sie zu entfernen und das Portal zu versiegeln). Die Wärter schienen diese Unterhaltung zu hören und zu verstehen, so dass ich sie fragte, ob sie weiterhin dort Wache halten und negative Energien vom Eintritt in das Portal abhalten würden. Sie sagten, sie würden dies tun, und mein Krafttier stimmte damit überein, dass die beiden Wärter genug Macht für diese Aufgabe besäßen, so dass ich sie allein ließ.

Anschließend beschleunigte ich die Merkaba des Gebäudes und verband sie mit dem Christus-Bewusstseins-Netz. Dies wurde durch Trommeln vom Kraftpunkt des Gebäudes aus erreicht, den ich nach großer Anstrengung in einem Schrank auf der dritten Etage feststellte. Die über diesen Befund hocherfreuten Besitzer sagten, dass sie schon lange gewusst hätten, dass „dort oben etwas Gespenstiges gewesen wäre". Die neu entdeckten „Mieter" ergäben interessante Geschichten, die sie ihren Kunden in Verbindung mit dem historischen Platz nebenan erzählen könnten und somit zu dem geheimnisvollen Nimbus des Ortes beitrügen. Nach dem Reinigungsritual waren die Geschäfte außerordentlich erfolgreich.

Überblick

Wie man Freisetzungszeremonien ausführt:

- Frage die Geister des Ortes um Erlaubnis und bete um Führung.
- Finde deinen Ruhepunkt. Erde, zentriere und schütze dich.
- Markiere die Grenzen des Ortes und bleibe dort, während du rasselst und räucherst.
- Wenn du fertig bist, bedanke dich und beschließe die Zeremonie.

Gedanken zum Abschluss

Wenn man Energiearbeit an Bauwerken oder Landgebieten unternimmt, ist es hilfreich, einen weiten Blick auf Ziele beizubehalten. Während du negative in positive Energie zum Zwecke besserer persönlicher Gesundheit, Glück und Gleichgewicht der Erde umwandelst, trägst du auch dazu bei, die Energiekräfte für die Menschheit im Allgemeinen zu steigern. Gleichzeitig ist es am besten, die Begrenzungen derartiger Energiearbeit vor Augen zu haben. Trotz deiner besten Anstrengungen, negative in positive Energie umzuwandeln, kann die Kraft des Karma und der freie Wille manchmal nicht gemildert werden. Dies bedeutet insbesondere, dass andere deine Arbeit zerstören können, wenn dies ihre konzentrierte Absicht aus der Gegenwart oder aus einem vergangenen Leben ist. Außerdem können göttliche Wesen intervenieren, um ein Resultat zu verändern oder für notwendige Lehren zu sorgen. Dennoch ist es möglich, durch konzentrierte Energiearbeit die verfügbare positive Energie zu optimieren und gemeinsam mit Naturkräften Gebäude und Landstriche frei von negativer Energie zu halten.

Orte, an denen beträchtliche Energiearbeit geleistet worden ist, strahlen leuchtender und erscheinen in der feinstofflichen Welt wie Scheinwerfer, die das Firmament mittels Lichtschwaden durchteilen. Solche Orte stoßen negative Energie ab und ziehen positive an, wodurch sie eine gesunde Umwelt für die Menschheit bilden.

Letztendlich spiegeln alle Verfahren und Ideen, die in diesem Buch diskutiert wurden, Liebe und Dankbarkeit dafür, dass wir diesen Planeten mit einer derartigen Vielfalt von Leben teilen. Wenn du Energiearbeit verrichtest, denke immer daran, dass gemäß dem Göttlichen Plan alles Land und alle Wesen heilig sind. Unsere größten Leistungen entstammen nicht mächtigen Kraftakten, sondern dem mitschöpferischen Würdigen der Erdenergien und dem Vertrauen in die geflüsterten Botschaften unserer Geistführer und Engel. Obwohl wir im Vergleich zu einem Erdbeben klein sind, ist die „ kleine stille Stimme" größer als alles andere.

Wenn wir uns unserer Macht als vom Geist geführte Mitschöpfer bewusst sind, sind wir unvorstellbarer Kunststücke fähig. Unter anderem werden wir zu dem, was wir sehen, und was wir sehen, wird zu dem, was wir wollen. Das Resultat ist, dass alles, was wir wahrnehmen – jeder Felsen, jeder Baum, jede Pflanze, jedes Tier, jeder Verbündete und Geist des Landes – mehr Macht erhält, und damit einen heiligen Kreis erzeugt, der uns im Gegenzug belebt. Das ist das Geheimnis des ökologischen Schamanismus: Durch das Heilen unserer natürlichen Umgebung heilen wir uns selbst.

Weitere Quellen

Reiki in der Fernheilung ist ein kraftvolles Heilmittel, das ich häufig benutze, doch da es ausgiebiges Studium, Training und Initiation in die Reiki-Tradition erfordert, habe ich die Verfahrensweise in diesem Buch nicht ausgeführt. Ich ermutige allerdings den Einzelnen, sich mit Reiki zu beschäftigen. William Lee Rand, der Gründer des International Center for Reiki Training (ICRT), lehrt eine Landheilungsmethode, die Reiki-Symbole anwendet. Durch das ICRT haben Reiki-Praktizierende geholfen, Problempunkte rund um die Welt zu heilen.

Weitere Informationen bietet:

The International Center for Reiki Training
21421 Hilltop Street, Unit #28
Southfield, MI 48034
U.S.A.
Phone: 800-332-8112
Website: http://www.reiki.org

Eine weitere wertvolle Quelle für das Heilen von Land und Wasser sind die Kurse, die Sandra Ingerman anbietet, basierend auf ihrem Buch *Heilung für Mutter Erde: Wie wir uns und unsere*

Umwelt verwandeln können. Ein Terminplan ihrer „Medicine for the Earth Workshops" sind bei Sandra Ingerman unter der folgenden Adresse erhältlich:

P. O. Box 4757
Santa Fe
NM 87502
U.S.A.
Website: http://www.shamanicvisions.com

Anmerkungen

Kapitel 1

1. Diese Technik, Gassho-Meditation genannt, wird von William Lee Rand vom International Center for Reiki Training gelehrt.

Kapitel 2

1. Für weitere Informationen zu militärischen Experimenten im Bereich des Übersinnlichen siehe folgende Bücher:
Bob Frisell, *Something in This Book Is True,* Frog Ltd., Berkeley 1997.
Drunvalo Melchizedek, *Die Blume des Lebens*, Band 1 und 2, Koha Verlag, Burgrain 2000.

2. Für weitere Informationen zu *Psychopomp* und schamanischer Ausbildung sowie ein Verzeichnis örtlicher praktizierender Schamanen (geordnet nach US-Bundesstaaten) wende dich an:

The Foundation for Shamanic Studies, P.O. Box 1939,
Mill Valley, CA 94942, U.S.A.
Telefon: 001 – 415 – 380 – 8282.
Website: http://www.shamanism.org

3. Siehe Informationsquellen für Psychopomp unter Punkt 2.

4. Carlos Castaneda, *Reise nach Ixtlan: Die Lehre des Don Juan*,
Fischer Taschenbuch, Frankfurt 1998.

Kapitel 3

1. In ihrem *Grundkurs Schamanismus* lehrt The Foundation for
Shamanic Studies (FSS), wie man sein Krafttier finden kann.
Die Stiftung ist eine gemeinnützige internationale Bildungs-
organisation, die sich der Erhaltung und Lehre des schamanischen Wissens zum Wohle des Planeten und seiner Bewohner
widmet. Es ist eine Wohltätige Organisation nach 501 (c) (3);
Beiträge können, wie gesetzlich erlaubt, von der Steuer ab-
gesetzt werden. Für amerikanische Ureinwohner, die in den
Stammesverzeichnissen gelistet sind, sind Preisnachlässe in
Form von Stipendien für alle FSS-Kurse erhältlich. Adresse und
Website siehe Kapitel 2, Anmerkung 2. Wenn du zusätzlich mit
einem Lehrer arbeiten möchtest, wende dich an Omega unter
http://www.omega.org oder Alberto Villoldos Four Winds
Society unter http://www.thefourwinds.org.

2. Ein Problem beim Bewahren heiliger Landgebiete ist es, dass derzeitig keine Möglichkeit existiert, den Schutz einer heiligen Stätte zu sichern, da es keinen Klageanspruch gibt. Demzufolge liegt keine allgemeine Übersicht über heilige Landgebiete vor, obwohl örtliche Stämme und Organisationen die Verantwortung für das Schützen bestimmter Stätten übernehmen. Im Rahmen des Native American Sacred Lands Forum wurden im Jahre 2001 in Denver und Boulder, Colorado, Treffen mit Stammesführern und Experten aus dem ganzen Land abgehalten, in denen die Konservierung heiliger Landgebiete diskutiert wurde. Teilnehmer kamen unter anderem zu dem Schluss, dass die grundlegend anzuwendenden Bundesgesetze, der American Indian Religious Freedom Act von 1978 (AIRFA) und der National Historic Preservation Act and Executive Order 13007, für den Schutz heiliger Orte unzureichend waren; Staats- und Bezirksgesetze existierten so gut wie gar nicht und Bundesagenturen, die für die Verwaltung von Bundesland zuständig sind, wie etwa das Department of the Interior und der National Park Service, standen dem Anliegen, Zugang zu heiligen Stätten für die Durchführung heiliger Zeremonien zu gestatten, häufig entweder ablehnend oder gleichgültig gegenüber, selbst wenn diese Zeremonien gesetzlich möglich waren. Empfehlungen beinhalteten die Einrichtung einer Koalition von Stämmen, nicht anerkannter Völker, Kirchen, Umweltgruppen und anderen zum Schutz heiliger Landgebiete; die Zusammenstellung einer vollständigen Liste von Konservierungsbüros und -kontakten, einschließlich maßgeblicher Bezirks- und

Staatsgesetze und sinnvolle nationale Gesetzgebung. Das Forum empfahl weiterhin die Formulierung einer Definition von *heiliger Stätte*, die „neu geschaffene heilige Stätten", Kraftorte, Fastenstätten und Stätten für Visionssuchen einschließt. Eine zusätzliche Empfehlung war, dass Menschen, die ihre Religion an heiligen Stätten auf Bundesland ausüben, von Eintrittsgebühren befreit werden und Zugangszeiten ausgedehnt werden um sicherzustellen, dass drei- oder viertägige Fastenzeiten (Visionssuchen) und Zeremonien von Sonnenauf- bis -untergang abgehalten werden können.

AIRFA sollte ursprünglich alle spirituellen Praktiken amerikanischer Ureinwohner sicherstellen, aber das Gesetz versagte darin, heilige Stätten in nachfolgenden Untersuchungen vor Gericht zu schützen. Der Native American Free Exercise of Religion Act, der 1993 im Kongress eingeführt wurde, beinhaltete Vorkehrungen für den Schutz von heiligen Stätten. Allerdings wurde dieser Akt 1994 fallen gelassen, nachdem nur ein kleiner Teil davon in AIRFA Eingang fand. Im Jahre 2002 wurde durch den National Congress of American Indians, die Association on American Indian Affairs, den Seventh Generation Fund und den Native American Rights Fund eine Sacred Lands Protection Coalition gebildet. In den Jahren 2002 und 2003 wurde ein Native American Sacred Lands Act eingeführt, aber daraus ist keine Gesetzgebung hervorgegangen.

Angesichts der Widersprüchlichkeiten in Gesetzen und Rechtsvorschriften in Bezug auf heilige Stätten, sowohl in örtlicher Rechtsprechung als auch in bundesstaatlich geschützten Landgebieten, ist es nicht überraschend, dass das Erstellen einer Liste heiliger Stätten und Organisationen schwierig werden würde. Das Veröffentlichen einer solchen Liste könnte sie auch gefährden. Bis ein juristisches und legislatives Rahmenwerk zum Schutz heiliger Stätten etabliert ist, ist es wahrscheinlich das Beste, sie verborgen zu halten oder auf öffentlichen Druck für den offenen Zugang zu vertrauen. Um Diskriminierungen auf der Basis von Rasse oder Religion zu vermeiden, sollte jedwede Bundes- oder staatliche Gesetzgebung bezüglich öffentlicher Landgebiete auf den Nachweis von Stammeszugehörigkeit oder die Notwendigkeit von Blutwerten verzichten, während sie den Zugang für amerikanische Ureinwohner sicherstellt. Es sollte genug sein, einfach zu bestätigen, dass die Religion eines Menschen das Ehren des Landes und seiner Geister beinhaltet.

3. Siehe das wegweisende Werk des Historikers Robert S. McElvaine, *Seed: Biology, the Sexes, and the Course of History*, McGraw-Hill, New York 2001.

4. Der Manataka American Indian Council (MAIC), eine gemeinnützige Organisation (nach 501 (c) (3) steuerfrei), kann unter folgender Adresse kontaktiert werden:

P.O. Box 476, Hot Springs Reservation,

AR 71902-0476, U.S.A.

Telefon: 001-501-627-0555;

Website: www.manataka.org.

Nur durch das aufrichtige Engagement und die liebevolle Pflege des MAIC – und die unwissentliche Hilfe der Bundesregierung durch das Integrieren von Rainbow Womans Berg als Park – ist die Heimat dieser Göttin bewahrt worden. MAIC, die auch arme und kranke Eingeborene aller Stämme betreut, ist eine würdige Organisation für wohltätige Spenden.

Kapitel 4

1. Die Fähigkeit, Energie in einer Substanz durch Absicht zu verwandeln, ist insbesondere beim Wasser durch den japanischen Wissenschaftler Masaru Emoto gut dokumentiert worden. Siehe sein Buch *Die Botschaft des Wassers*, Band 1 und 2, Koha Verlag, Burgrain 2002/2003, oder seine Website: http://www.masaru-emoto.net

2. Das Räucherwerk, das ich für das Räuchern bevorzuge, ist Pure Tibetan Herbal Meditation, zubereitet von Chedora Devi, Swayambhu Temple, Manjushree, Kathmandu, Nepal und wird von The Himalayan Traders importiert. Anderes Räucherwerk, das gut für weibliche Energien zu verwenden ist, ist Kwan Yin Goddess Incense, ebenfalls in Nepal hergestellt und über The Himalayan Traders importiert. Website: http://www.himalay-antraders.com.

3. Ich benutze zwei CDs, um die Energie in einem Raum zu klären:
Freedom Chants from the Roof of the World von Gyuto Monks, RYKODISC 306 Degree Productions, und
Sacred Music, Sacred Dance for Planetary Healing and World Purification von tibetischen buddhistischen Mönchen des Drepung Loseling Monastery, Music & Arts Programs of America, Inc.

Musik mit einer hohen Schwingungsfrequenz kann tatsächlich jemanden aus einem Raum vertreiben, wenn sie unterdrückte Emotionen oder Erinnerungen zum Bewusstsein bringt. Hochfrequenzschwingung kann häufig das „Schatten"-Ich aufdecken – Qualitäten, die man sich persönlich nicht eingesteht und folglich in anderen ablehnt. Dies ist die Natur von Hochfrequenz-Energiearbeit, ob durch Klänge oder andere Schwingungen. Es geht darum, verdeckte Dinge an die Oberfläche zu bringen, damit sie erkannt und geheilt werden können.

4. Amerikanische Ureinwohner und die meisten anderen einheimischen Völker wissen seit Tausenden von Jahren, dass Trommeln ein mächtiges spirituelles Werkzeug darstellt. Doch erst in den letzten Jahren ist dieses Wissen durch die Wissenschaft bestätigt worden. In den sechziger und siebziger Jahren des letzten Jahrhunderts führte der Anthropologe Michael Harner, der Begründer der Foundation for Shamanic Studies, bahnbrechende Arbeiten in Bezug auf die Wirkungen des Trommelns durch, die er dann in seinem Buch *Der Weg des Schamanen* darlegte. Nach Harner nähert sich der Trommelschlag, der dafür verwendet wird, eingeborene Völker in schamanische Bewusstseinszustände zu versetzen, der Grundresonanzfrequenz der Erde, die wissenschaftlich gemessen werden kann. In den vergangenen Jahren hat Gregg Braden, Geophysiker und Autor von *Das Erwachen der Neuen Erde. Die Rückkehr einer vergessenen Dimension* und *Zwischen Himmel und Erde: Der Weg des Mitgefühls* diese Frequenz kontinuierlich gemessen. Er hat die Hypothese aufgestellt, dass die Erde große Veränderungen mit tiefgreifenden Auswirkungen für ihre Bewohner durchläuft. Gregg Braden zieht den Schluss, dass diese Messung mit den alten Prophezeiungen der Ägypter, Hopi, Azteken und Maya sowie denen in der christlichen Bibel übereinstimmt. Diese Prophezeiungen besagen gemeinschaftlich, dass die Erde während der „Endzeiten", von denen manche sagen, dass sie nun beginnen, durch Wandel und Erneuerung gehen wird.

Die ebenso gut dokumentierten physiologischen Auswirkungen von Klang schließen Alpha, Beta und Theta-Zustände (übersinnliche Zustände) ein, die im Gehirn produziert werden. Siehe Mitchell L. Gaynors Buch: *Sounds of Healing: A Physician*

Reveals the Therapeutic Power of Sound, Voice and Music
Broadway Books, New York 1999.

5. Einige der Prinzipien, um die es geht, sind in Drunvalo Melchizedeks Büchern *Die Blume des Lebens* Band 1 und 2, Koha Verlag, Burgrain 2000 beschrieben und werden in Kursen der Flower of Life Research LLC gelehrt. Kontaktadresse: Flower of Life Research LLC, P.O. Box 55844, Phoenix, AZ 85078, U.S.A.
Telefon: 001-602-996-0900;
Website: http://www.floweroflife.org.
Obwohl sie nicht spezifisch das Klären von Landschaftsteilen lehren, sind die Bücher und Kurse sehr zu empfehlen.

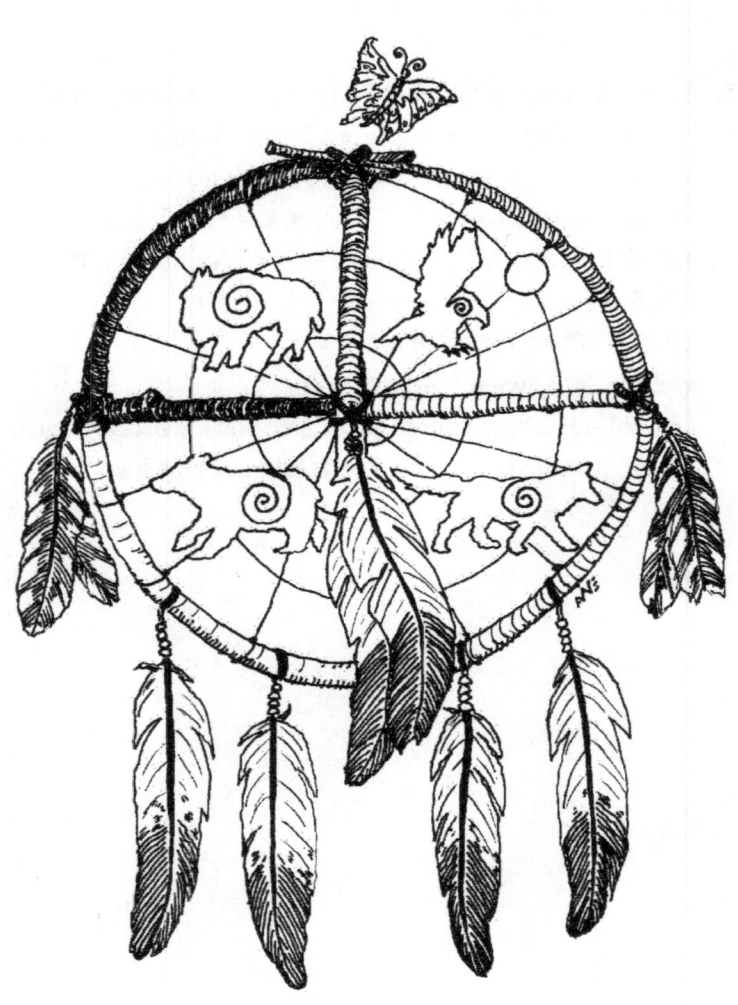

Glossar

Abschirmen:

Durch mentale Absicht eine schützende Energieschicht um sich herum schaffen, um negative Energie von außen abzuleiten.

Akasha-Chronik:

Die Energieschicht über der Erde, die alle Aufzeichnungen des Seins, inklusive karmischer Informationen und höherer Welten enthält.

Animus/Geist:

Der Funke des Lebens; der Geist-Funke, der Gegenständen Leben gibt.

Archetypen:

Potenziell existierende Eigenschaften, die manifestiert werden können. Geistige Originalmodelle, denen andere ähnliche Dinge nachgebildet werden können.

Aufstieg:

Zu einem höheren Bewusstseinsniveau transzendieren; der nächste Schritt in der menschlichen und planetarischen Evolution.

Aufstiegsspirale:
Spirale des Lebens, die eine wechselnde Perspektive bietet, wenn man auf neue Lektionen stößt und alte wiederholt, bis sie schließlich gelernt sind.

Aura:
Wahrgenommene Ausstrahlungen des Energiekörpers; oft als Farben gesehen, die Stimmungslagen, Gedanken oder Potenziale zeigen. Die energetischen Felder, die den physischen Körper umhüllen, einschließlich der physischen, ätherischen, astralen, mentalen, kausalen und spirituellen Felder.

Außerirdische:
Wesen, die nicht von der Erde sind; entweder Besucher von anderen Planeten oder Reisende zwischen den Dimensionen/Welten.

Austreibung:
Das Entfernen von Wesenheiten, die von einer Person Besitz ergriffen haben.

Bodhisattva:
Ein menschliches Wesen mit höherem Bewusstsein, das aus freier Wahl nicht zur nächsten Ebene aufgestiegen ist, um alle Erdenwesen zur Erleuchtung zu führen.

Chakra:

Sanskrit für Kreis oder Rad; die energetischen Zentren im Kern des Körpers, miteinander verbunden durch einen zentralen Energiekanal.

Christus-Bewusstseins-Netz:

Eine Energieschicht, die die Erde umhüllt und ihr höchstes Potenzial darstellt. Sie ist vermutlich von höheren Wesen, die oft als „Aufgestiegene Meister" bezeichnet werden, eingerichtet worden, um der Menschheit durch den derzeitigen „Zeitenwandel" zu helfen.

Das Reich wechseln:

Die Bewegungen von Gegenständen zwischen Dimensionen. Während einige Gegenstände, wie beispielsweise Quarzkristalle, dies aufgrund ihrer energetischen Zusammensetzung routinemäßig tun, werden andere verschwinden und nur dann wiedererscheinen, wenn sie sich in der Nähe eines Portals befinden.

Einheimische Völker:

Eingeborene Kulturen, welche traditionelle erd- und naturverbundene Bräuche praktizieren.

Elfe/Kobold:

Ein Naturgeist, der gewöhnlich an einem bestimmten Ort wohnt.

Elfen/Feen (Fairies):
Naturgeister, die mit Flora und Fauna arbeiten.

Energie:
Feine Kraft, die sich durch Geist, Lebenskraft, Schwingung oder Feld manifestiert.

Energiekörper:
Ein Körper, der jenseits der körperlichen Ebene existiert; bei Menschen erstreckt sich ein solcher Körper etwa acht Meter in jede Richtung und setzt sich danach in andere Dimensionen fort. (Siehe Aura.)

Engel:
Lichtboten göttlichen Ursprungs, die Menschen durch das Leben begleiten und für Unterstützung und Inspiration zur Verfügung stehen.

Erden:
Sich mit der Erde energetisch zu verbinden, um sicherzustellen, dass das Bewusstsein nicht aus anderen Dimensionen heraus agiert oder übermäßig von anderen energetischen Kräften beeinflusst wird.

Exorzismus:
Das Entfernen einer fremden Wesenheit aus einer Person; ein Austreibungsritual.

Feinstoffliche Wirklichkeit:
Die Wirklichkeit, die gesehen wird, wenn die alltäglichen Einschränkungen und Veranlagungen durch Trance oder andere Methoden ausgeschlossen werden.

Fluss der Schöpfung:
Der göttliche Wind; die Bewegung der Energie zu einem bestimmten Augenblick.

Freier Geist:
Ein Erdgeist, der gewöhnlich naturbelassene Gebiete abseits der Zivilisation oder des Kontaktes mit Menschen bewohnt; Verbündeter.

Gebetsstab:
Ein verzierter oder einfacher Stock, der durch Gebet eingesegnet wurde. Er ist in Tücher, Bänder oder Wolle gehüllt und meistens in den Boden gepflanzt, um ein Gebet zu tragen.

Gedankenformen:
Organisierte Energiemuster, die entweder frei schweben oder an einem Ort eingelagert sind und durch Rasseln oder andere Mittel der Umwandlung aufgelöst werden können.

Geist:
Die wesentliche Qualität eines Wesens als ein Ausdruck der Seele; im Einklang mit der Bestimmung der Seele.

Geister:
Formen von Energiefragmenten, die ein Leben zu haben scheinen, aber gewöhnlich nicht mit einem Lebewesen verbunden sind.

Geistführer:
Geisthelfer, Seelenbrüder oder -schwestern aus vergangenen oder zukünftigen Leben; oder geistige Lehrer, die für die Entwicklung einer speziellen Seele eine unterstützende Rolle übernommen haben.

Geistsuche:
Nur dem zu folgen, was der Geist bestimmt, gewöhnlich für den Verlauf einiger Tage.

Gemeinsam erschaffen:
Gemeinsam mit dem Schöpfer als Partner agieren, um die positive Energie zu steigern.

Gott im Vergleich zum Schöpfer:
Gott ist eins, ist alles. Der Schöpfer ist der aktive Aspekt Gottes, der im Schöpfungswillen ausgedrückt wird.

Göttinnen:
Erdgeister der höchsten Ordnung, die gewöhnlich mit einem Ort oder einem Merkmal verbunden sind; auch Menschen, die ihre Körper verlassen haben, aber aus freier Wahl in Geistform auf der Erde verweilen, zum Zwecke des Dienens.

Heiliger Kreis:
Alle Wesen in unseren Leben – in der Vergangenheit, Gegenwart und Zukunft –, die mit uns verbunden sind.

Herz- oder Kraftlied:
Ein Lied, das die einzigartigen positiven Energien, Charakterzüge und Absichten eines Menschen ausdrückt. Es wird gewöhnlich durch Fasten und Gebet gefunden.

Höhere Kraft:
Gott, wie er sich durch unsere höchste Natur ausdrückt.

Ix Chel:
Maya-Göttin, die für die Pflege und den Schutz insbesondere von Frauen und Kindern bekannt ist.

Jung, Carl G.:
Schweizer Psychiater (1875 – 1961), der Aspekte der menschlichen Psyche erforschte und über solche Gedanken wie das kollektive Unbewusste, Archetypen und Synchronizität schrieb.

Kachinas:
Übernatürliche Wesen, die von den Hopi verehrt werden und als Boten der Geisterwelt erscheinen.

Karma:
Fortsetzung von Ursache und Wirkung durch alle Leben, entweder durch Handlungen und Entscheidungen, die in diesem und vorangegangenen Leben gemacht wurden oder durch Entscheidungen vor der Geburt, im Geist-Zustand, bezüglich der Erfahrungen und Lektionen dieses Lebens.

Kobolde/Elfen:
Geister des Landes, der Wälder und des Wassers.

Kraft- oder Herzlied:
Ein Lied, dass die einzigartigen positiven Energien, Charakterzüge und Absichten eines Menschen ausdrückt; es wird gewöhnlich durch Fasten und Gebet gefunden.

Kraftlinien:
Raster, welche die Erde wiederholt durchkreuzen und potenzielle elektromagnetische Energie halten; viele Kraftlinien wurden von alten Völkern erkannt, die heilige Stätten auf ihnen bauten.

Kraftort:
Ein Ort, an dem alle Energien einer Struktur oder eines Landgebietes konzentriert sind.

Krafttier:
Ein Tier, das Führung und Schutz bietet; ein Totem.

Kwan Yin:
Asiatische Göttin; Geist des Mitgefühls.

Laserkristall:
Ein gewöhnlich flacher und dünner Kristall; wirksam für das Projizieren von Energie über weite Entfernungen und für das Schaffen von Grenzen.

Lebenskraft-Energie:
Energie, die uns umgibt, von sich bewegendem Wasser oder Wind; Energie, die von der Erde abgegeben wird.

Lichtkörper:
Energetischer Körper; ein Begriff, der oft benutzt wird, um die Qualität der Energie um eine Person herum auszudrücken, im Gegensatz zu ihrem physischen Körper. Siehe Merkaba.

Materie:
Energiemuster, die wir so wahrnehmen, als ob sie Substanz haben.

Medizinrad:
Ein System der amerikanischen Ureinwohner, das Gebet, Meditation und Entdeckung beinhaltet und dabei würdigt, dass das Leben einem Kreis folgt. Die Richtungen des Rades, von denen alle Dinge herrühren sollen, umfassen den Osten (Neuheit, Entdeckung), den Süden (Jugend, Wachstum, Heilung), den Westen

(Innenschau, Sonnenuntergang, das innere Licht) und den Norden (Weisheit, die Stammesältesten, die Vorfahren, die Vorangegangenen), der Mittelpunkt (Seele, Geist), oben (Göttlicher Vater) und unten (Erdenmutter).

Meridiane:
Linien entlang des Körpers, in denen Energie gechannelt wird; zum Zweck der Heilung oft in der Akupunktur und in anderen Bereichen der Energiemedizin verwendet.

Merkaba:
In der heiligen Geometrie ein Stern-Tetrahedron; ein energetisches Gerüst, das einen Entwurf bietet, an den sich der Geist anlagert und von der DNS bei Pflanzen und Tieren einen körperlichen Ausdruck schafft. Eine geometrische Form, die den Lichtkörper beinhaltet; ein Energiemuster, das von Tieren, Pflanzen, Steinen und allen Dingen, einschließlich solchen, die von Menschenhand erschaffen wurden, geteilt wird.

Morphogenetisches Feld:
Ein universelles Feld, das das Grundmuster eines Gegenstandes verschlüsselt. Vom Griechischen „morphe" (= Form) und „genesis" (= entstehend). Nicht-körperliche Wesen manifestieren sich in der dreidimensionalen Wirklichkeit durch morphogenetische Resonanz.

Naturgeister:
Geister, die sich mit den Energien und Manifestationen der Erde
befassen.

Ort:
Jeder definierte Bereich, einschließlich der in ihm enthaltenen
Objekte.

Piezoelektrischer Effekt:
Innewohnendes mechanisches Merkmal von Kristallen, das elektrische Energie steigert.

Portal:
Ein starker Wirbel, durch den Gegenstände und Wesenheiten von
einer Wirklichkeitsdimension in die andere wechseln können,
während sie das Reich wechseln.

Prana:
Universelle Lebensenergie.

Psychopomp:
Ein Ritual, um zu helfen, eine gefangene Seele in das Jenseits
zu führen.

Rasseln:
Eine Rassel schütteln, um Energie aufzulösen.

Räuchern:
Verbrennen einer Pflanze, wie beispielsweise Salbei, Zeder oder Mariengras, um die Energie eines Bereiches zu reinigen.

Reiki:
Eine japanische Form der Energiemedizin, die mit heiligen Symbolen und Geistführern arbeitet; die Hände werden zum Channeln von Heilenergie verwendet.

Reinigen:
Energie durch das Erhöhen ihrer Schwingungsfrequenz in eine höhere, positivere Form umwandeln.

Reinigen:
Negative Energie zerstreuen (umwandeln), da der Akt des Klärens die Schwingungsfrequenz steigert.

Ruhepunkt:
Ein innerer Ort völliger Ruhe und Stille, aus dem Intuition und Kreativität entspringen und Gleichgewicht gefunden werden kann; die Quelle des Seins.

Schamane:
Sibirischer Begriff, der bedeutet: „der, der im Dunkeln sieht"; ein Mensch, der mit Hilfe von Erdenergie, Geistführern und Krafttieren zu Einsichten gelangt; ein Medizinmann oder eine Medizinfrau.

Schöpfungswille:
Die Energie des Augenblicks, die sich von einem Zustand zum anderen bewegt; das Potenzial, sich in eine andere Manifestation zu verwandeln.

Schwingungsfrequenz/Schwingungsrate:
Das messbare Energieniveau, das eine Person, ein Ort oder ein Gegenstand besitzt; je höher die Frequenz, desto näher befinden sie sich an der Quelle oder in gesunder Ganzheit.

Seele:
Die wesentliche Lebenskraft oder Essenz eines Wesens, die von Leben zu Leben unsterblich ist.

Skan:
Von den Lakota; bedeutet „Kraft des Windes"; eine heilige Kraft der Bewegung; das, was vor Gott existierte; Lebenskraft-Energie; das Prinzip, das Gebete von Gebetsfahnen manifestiert.

Starke Wirbel:
Durchgänge oder Portale in andere Dimensionen; Bereiche, wo die sich im Fluss befindliche Energie Zeit und Raum beeinflussen kann.

Sternenwesen:
Wesen von den Sternen, denen Kulturen rund um die Welt und zu allen Zeiten nachgesagt haben, dass sie die menschliche Ent-

wicklung beeinflussen; einige heilige Plätze sind ihrer Ehre
gewidmet.

Umwandlung:

Das Verwandeln von Energie von einem Zustand zum anderen,
so wie das Wandeln von Wasser zu Eis oder Dunst, und anders
herum; das Verwandeln von negativer oder träger Energie
in positive oder aktive Energie, oder das Neutralisieren von
Energie, die wieder von der Erde aufgenommen wird. Alte
Praktiken beinhalten das Vergraben eines energetisierten
Gegenstandes in den Boden, das Verbrennen im Feuer oder
das Eintauchen in Wasser.

Verbündete:

Freie Geister des Landes, die helfen können, natürliche Le-
bensräume zu heilen und zu schützen.

Verstand Gottes:

Ausweitung menschlichen Denkens zu höherem Bewusstsein,
so weit wie vorstellbar.

Zauberstab:

Langes, dünnes Hilfsmittel, das verwendet wird, um Energie zu leiten, wenn es auf etwas gerichtet wird. Einige sind
verziert, mit Schnitzereien, Federn, Perlen und ähnlichem
Schmuck, während andere so schlicht wie ein Zweig oder
eine Feder sind.

Zeitenwandel:

Jetzt auf der Erde ablaufende kraftvolle Veränderungen in den Energiemustern als Auftakt für Transformationen der Erde und schließlich für die Entwicklung eines höheren Bewusstseins der Menschheit. Vgl. dazu: Hans Stolp, *Zeitenwandel*, Grafing 2007.

Zentrieren:

Den Kern des Bewusstseins im Körper aufsuchen; magnetische Energie aus der Erde und elektrische Energie von der Sonne beziehen, um mit ausgeglichenem Bewusstsein zu handeln.

Bibliographie

Alvord, Lori Arviso, M.D. *The Scalpel and the Silver Bear*. Bantam, New York 1999.

Andrews, Ted. *Die Botschaft der Krafttiere: Was die Geschöpfe uns zu sagen haben*. Lübbe Verlag, Bergisch Gladbach 2000.

Andrews, Ted. *Zauber des Feenreiches: Begegnung mit Naturgeistern*. Silberschnur Verlag, Güllesheim 1997.

Bear Heart / Larkin, Molly. *Der Wind ist meine Mutter: Leben und Lehren eines indianischen Schamanen*. Lübbe Verlag, Bergisch Gladbach 2000.

Bentov, Itzhak. *Auf der Spur des wilden Pendels. Abenteuer im Bewusstsein*. Rowohlt Verlag, Reinbek bei Hamburg 1986.

Black Elk, Wallace H., et al. *Black Elk: The Sacred Ways of a Lakota Medicine Man*. Harper, San Francisco 1991.

Boissiere, Robert. *Meditations with the Hopi*. Bear and Company, Santa Fe, N.M. 1986.

Boyd, Doug. *Mad Bear: Spirit, Healing, and the Sacred in the Life of a Native American Medicine Man.* Touchstone, New York 1994.

Boyd, Doug. *Rolling Thunder: Erfahrungen mit einem indianischen Medizinmann.* Maro-Verlag, Augsburg 2001.

Braden, Gregg. *Das Erwachen der Neuen Erde: Die kollektive Einweihung.* Hans Nietsch Verlag, Freiburg 1999.

Braden, Gregg. *Der Jesaja-Effekt.* Koha Verlag, Burgrain 2001.

Braden, Gregg. *Zwischen Himmel und Erde. Der Weg des Mitgefühls.* Koha Verlag, Burgrain 2001.

Brueyere, Rosalyn L. *Wheels of Light: Chakras, Auras, and the Healing Energy of the Body.* Simon & Schuster, New York 1989.

Buhner, Stephen Harrod. *Sacred Plant Medicine: Explorations in the Practice of Indigenous Herbalism.* Raven Press, Coeur d'Alene/Idaho 1996.

Capra, Fritjof. *Das Tao der Physik.* O.W. Barth bei Scherz Verlag, Frankfurt 2000.

Carroll, Lee / Kryon. *Die Reise nach Hause.* Koha Verlag, Burgrain 2000.

Bibliographie

Carroll, Lee / Tober, Jan. *Die Indigo Kinder. Eltern aufgepasst....
die Kinder von morgen sind da.* Koha Verlag, Burgrain 1999.

Castaneda, Carlos. *Die Reise nach Ixtlan: Die Lehre des Don Juan.*
Fischer Taschenbuch, Frankfurt 1998.

Castaneda, Carlos. *Die Lehren des Don Juan: Ein Yaqui-Weg des
Wissens.* Fischer Taschenbuch, Frankfurt 1998.

Catches, Pete S., Sr. / Catches, Peter V. (Hrg.). *Sacred Fireplace
(Oceti Wakan): Life and Teachings of a Lakota Medicine Man.*
Clear Light Publishers, Santa Fe/N.M. 1999.

Eagle Feather, Ken. *Die Spur des Schamanen. Der einzigartige
Bericht des indianischen Sehers.* Falken Verlag, Niedernhausen
1998.

Eaton, Evelyn / Shorr, Narca (illus.). *Ich sende eine Stimme.* Goldmann Verlag, München 1988.

Emoto, Masuro. *Die Botschaft des Wassers.* Bd. 1 & 2. Koha
Verlag, Burgrain 2002/2003.

Frissell, Bob. *Something in This Book Is True.* Frog Ltd., Berke-
ley/Kalifornien 1997.

Gaynor, Mitchell L., M.D. *Sounds of Healing: A Physician Reveals the Therapeutic Power of Sound, Voice and Music.* Broadway Books, New York 1999.

Gerber, Richard, M.D. *Vibrational Medicine: New Choices for Healing Ourselves.* Bear and Company, Santa Fe/N.M. 1996.

Gillentine, Julie. *Tarot and Dream Interpretation.* Llewellyn Publications, St. Paul/Minn. 2003.

Harner, Michael. *Der Weg des Schamanen.* Ullstein Taschenbuch, Berlin 2004.

Hunt, Valerie V. *Infinite Mind: Science of the Human Vibrations of Consciousness.* Malibu Publishing Co., Malibu/USA 1989.

Ingerman, Sandra. *Auf der Suche nach der verlorenen Seele. Der schamanische Weg zur inneren Ganzheit.* Ullstein Buchverlage, Berlin 2005.

Ingerman, Sandra. *Die Heimkehr der Seele. Schamanische Selbstheilung.* Ullstein Buchverlage, Berlin 2005.

Ingerman, Sandra. *Die schamanische Reise. Ein spiritueller Weg zu sich selbst.* Ariston Verlag, München 2004.

Ingerman, Sandra. *Heilung für Mutter Erde. Wie wir uns und unsere Umwelt verwandeln können*. Ansata Verlag, München 2003.

Jacoby, Kathleen. *The Vision of the Grail*. Lightlines Publishing Co., San Francisco 2001.

Lame Deer, John / Fire, Archie & Erdoes, Richard. *Tahca Ushte. Medizinmann der Sioux*. Deutscher Taschenbuchverlag, München 1997.

Lame Deer, John / Erdoes, Richard. *Lame Deer, Seeker of Visions*. Simon & Schuster, New York 1994.

Leary, Timothy. *Info-Psychologie*. Phänomen-Verlag, Neuenkirchen 2006.

Lungold, Ian. *Mayan Calendar and Conversion Codex*. Majix Inc., Sedona/Arizona 1999.

MacEowen, Frank. *The Spiral of Memory and Belonging: A Celtic Path of Soul and Kinship*. New World Library, Novato/California 2004.

Mails, Thomas E. *Das Leben des Fools Crow*. Fischer Verlag, Frankfurt 1996.

McElvaine, Robert S.. *Eve's Seed: Biology, the Sexes, and the Course of History*. McGraw-Hill, New York 2001.

Medicine Eagle, Brooke. *Buffalo Woman Comes Singing*. Ballantine Books, New York 1991.

Medicine Eagle, Brooke. *The Last Ghost Dance: A Guide for Earth Mages*. Wellspring/Ballantine, New York 2000.

Melchizedek, Drunvalo. *Die Blume des Lebens*. Bd. 1 und 2. Koha Verlag, Burgrain 2000.

Mehl-Madrona, Lewis, M.D. *Coyote Medicine*. Simon & Schuster, New York 1997.

Morgan, Marlo / Rademacher, Anne. *Traumfänger. Die Reise einer Frau in die Welt der Aborigines*. Goldmann Verlag, München 1998.

Naparstek, Belleruth. *Your Sixth Sense: Unlocking the Power of Your Intuition*. Harper, New York 1997.

Padmasambhava / Thurman, Robert A. (Übers.). *The Tibetan Book of the Dead*. Bantam, New York 1994.

Pert, Candace B., Ph.D.. *Moleküle der Gefühle. Körper, Geist und Emotionen*. Simon & Schuster, New York 1999.

Rae, Allison Bluestar. *Stars & Myths: A Path to Higher Consciousness.* Earth Star Publications, Paonia/Colo. 2002.

Rand, William Lee. *Reiki for a New Millennium.* Vision Publications, Southfield/Mich. 1998.

Rand, William Lee. *Reiki: The Healing Touch. First and Second Degree Manual.* Vision Publications, Southfield/Mich. 1991.

Redfield, James. *Die Prophezeiungen von Celestine.* Ullstein Buchverlage, Berlin 2004.

Rinpoche, Sogyal. *Das tibetische Buch vom Leben und vom Sterben. Ein Schlüssel zum tieferen Verständnis von Leben und Tod.* Fischer Verlag, Frankfurt 2004.

Ruiz, Don Miguel. *Die vier Versprechen. Ein Weg zur Freiheit und Würde des Menschen.* Ullstein Buchverlage, Berlin 2006.

Sams, Jamie. *Die Traumpfade der Indianerin. Sieben Schritte zu einem bewussten Leben.* Ullstein Buchverlage, Berlin 2006.

Stein, Diane. *Reiki-Essenz: Der Wegweiser zu einer alten Heilkunst.* Synthesis Verlag, Essen 1997.

Storm, Hyemeyohsts. *Sieben Pfeile. Indianische Initiation in unserer Zeit.* Heyne Verlag, München 2002.

Tolle, Eckhart. *Stille spricht: Wahres Sein berühren.* Goldmann Verlag, München 2003.

Tolle, Eckhart. *Jetzt. Die Kraft der Gegenwart. Ein Leitfaden zum spirituellen Erwachen.* J. Kamphausen Verlag, Bielefeld 2002.

Virtue, Doreen. *Das Heilgeheimnis der Engel. Himmlische Botschaften für Krankheit und Not.* Ullstein Buchverlage, Berlin 2004.

Weiss, Brian, M.D. *Heilung durch Reinkarnationstherapie. Ganzwerdung durch die Erfahrung früherer Leben.* Ullstein Buchverlage, Berlin 2007.

Weiss, Brian, M.D. *Die zahlreichen Leben der Seele. Die Chronik einer Reinkarnationstherapie.* Goldmann Verlag, München 2005.

Windrider, Kiara. *Das Portal zur Ewigkeit. Anleitung zum Planetaren Aufstieg.* Lippert Verlag, Wald 2003.

Zukov, Gary. *The Dancing Wu Li Masters: An Overview of the New Physics.* William Morrow, New York 1979.

Über den Autor

Jim PathFinder Ewing ist ein Reiki-Meister, der Schamanismus lehrt und in Lena, Mississippi, in den USA lebt. Er hält Workshops, Kurse und Vorlesungen an vielen Orten und steht für Konsultationen zur Verfügung. Für einen Terminplan der Workshops, die er leitet oder unterstützt, kann man sich wenden an:

Jim PathFinder Ewing
P.O. Box 387
Lena, MS 39094
U.S.A.

Um seine kostenlosen monatlichen Online-Nachrichten – „Keeping in Touch" – zu erhalten, meldet man sich auf seiner Website „Healing the Earth/Ourselves"
unter www.blueskywaters.com an.